Habilidades Básicas de Fútbol

Chest Dugger

Tabla de Contenido

Regalo Incluido.. 4

SOBRE EL AUTOR 5

DESCARGO DE RESPONSABILIDAD 6

Introducción - ¿Qué tipo de habilidades es importante desarrollar primero? 7

Habilidades básicas de control.. 10

Habilidades de pase 35

Habilidades defensivas... 84

Aprender a jugar al fútbol viendo la televisión 99

Habilidades de regateo 106

Ejercicios mentales antes del partido... 118

Un capítulo para los padres 131

Conclusión... 141

El final... ¡casi! 143

Regalo Incluido

Como parte de nuestra dedicación para ayudarte a tener éxito en tu carrera, te hemos enviado una hoja de ejercicios de fútbol gratuita. Es el "esquema de entrenamiento de fútbol". Se trata de una lista de ejercicios que puedes utilizar para mejorar tu juego; así como una metodología para realizar un seguimiento de tu rendimiento en estos ejercicios en el día a día. Queremos que llegues al siguiente nivel.

Haz clic en el siguiente enlace para obtener tu hoja de ejercicios gratuita.

https://soccertrainingabiprod.gr8.com/

SOBRE EL AUTOR

Chest Dugger es el seudónimo de nuestra marca de entrenamiento de fútbol, Abiprod. Proporcionamos consejos de entrenamiento de fútbol de alta calidad, ejercicios, contenido fitness y consejos de mentalidad para asegurar tu éxito.

Somos aficionados al deporte rey desde hace décadas. Como todos los aficionados al fútbol del mundo, vemos y jugamos todo lo que podemos. Ya seamos seguidores del Manchester United, del Real Madrid, del Arsenal o de los LA Galaxy, compartimos un amor común por el deporte.

A través de nuestras experiencias, nos hemos dado cuenta de que hay muy poca información para el aficionado común al fútbol que quiere llevar su juego al siguiente nivel. O hacer que sus hijos inicien el camino. Demasiada información en la web y fuera de ella es demasiado básica.

Como nos apasiona el fútbol, queremos hacer llegar el mensaje al mayor número de personas posible. A través de nuestro blog de entrenamiento de fútbol, de nuestros libros y de nuestros productos, pretendemos llevar al mundo un entrenamiento de alta calidad. Cualquier persona apasionada por el deporte rey puede utilizar nuestras tácticas y estrategias.

DESCARGO DE RESPONSABILIDAD

Copyright © 2021

Todos los derechos reservados

Ninguna parte de este libro puede ser transmitida o reproducida de ninguna forma, ya sea impresa, electrónica, por fotocopia, escaneada, mecánica o grabada, sin la previa autorización por escrito del autor.

Aunque el autor se ha esforzado al máximo por garantizar la exactitud del contenido escrito, se aconseja a todos los lectores que sigan la información aquí mencionada bajo su propia responsabilidad. El autor no se responsabiliza de ningún daño personal o comercial causado por la información. Se recomienda a todos los lectores que busquen asesoramiento profesional cuando lo necesiten.

Introducción - ¿Qué tipo de habilidades es importante desarrollar primero?

El fútbol es el deporte de equipo más popular del mundo. Es perfecto para que lo practiquen los niños. Es seguro, sencillo y las habilidades necesarias pueden adquirirse fácilmente. Convertirse en un jugador experto requiere altos niveles de dedicación, atletismo natural y habilidades innatas. Cualquier niño o niña puede practicar este deporte y disfrutar a su propio nivel.

Por esta razón, el juego está creciendo tan rápidamente en Estados Unidos. Y es por ello que la necesidad de entrenadores y jugadores crece continua y rápidamente. Al fin y al cabo, ¿quién rechazaría la posibilidad de que sus hijos se mantengan físicamente en forma, de que su competitividad natural se canalice de forma organizada, de que se mantengan ocupados de forma productiva y provechosa? Además, el fútbol desarrolla la destreza, la resolución de problemas, la colaboración, la amistad, el respeto, la autodisciplina, el espíritu de equipo y la deportividad. Todas ellas son habilidades para la vida que se adquieren mejor de joven.

Pero hay mucho que aprender para los jóvenes que desean convertirse en jugadores de fútbol a un buen nivel de club. Los tiros, la defensa, la presión, los pases, el control del balón, las normas del juego (incluso los profesionales tienen problemas a veces con el fuera de juego, al igual que, a veces, los propios árbitros). Y más importante que todo esto, los niños deben aprender sobre el espíritu del fútbol. El juego limpio y la deportividad mencionados anteriormente. Sobre todo para los jóvenes de hoy en día que se enfrentan a todas las presiones de crecer en un mundo desafiante impulsado por la doble presión del consumismo y las redes sociales.

Este libro proporcionará consejos y sugerencias a los entrenadores y a los padres para ayudar a los jóvenes a convertirse en jugadores de éxito. También les ayudará a definir dicho "éxito", tanto si eso significa pasar un par de horas a la semana junto a los compañeros manteniéndose en forma físicamente en un entorno divertido, como si se trata de avanzar en los niveles académicos y quizás incluso alcanzar el objetivo final de convertirse en profesional. El libro incluye numerosos ejercicios, habilidades clave y un vistazo a cómo el desarrollo infantil afecta al progreso de los jóvenes participantes como jugadores. Como tal, es una lectura esencial para el futuro entrenador o el padre cuyo hijo quiere empezar a jugar en un equipo. Ofrece nuevas ideas para los entrenadores experimentados, con ejercicios que pueden adaptarse a las necesidades de los jugadores y los equipos.

Examinamos en detalle las jugadas ofensivas y defensivas. Consideramos los fundamentos del control. Analizamos las habilidades de regateo, el aspecto mental del juego y tenemos un capítulo especial para los padres.

También analizamos los considerables beneficios que la cobertura televisiva puede aportar a los jóvenes jugadores al fomentar su entusiasmo por el juego, al tiempo que les permite aprender de los mejores exponentes del juego.

Sobre todo, hacemos hincapié en la importancia de divertirse. Los ejercicios sugeridos son agradables, y se destacan los beneficios de los partidos. A veces, el fútbol puede volverse demasiado serio (¿y qué, en la vida, no cae a veces en ese hoyo?). Los entrenadores y funcionarios del juego, con la mejor de las intenciones, olvidan que los jóvenes participantes del deporte son sólo eso. Jóvenes. Está muy bien centrar el desarrollo planificado en las futuras selecciones nacionales, pero un porcentaje insignificante de los participantes se acercará alguna vez a jugar a ese nivel.

Lo más importante del fútbol es que todos los jugadores lo disfruten. ¿Se habrían convertido los jóvenes Neymar o Hazard en el jugador que son hoy si el entrenamiento de fútbol hubiera sido una tarea poco agradable? Casi seguro que no.

Y lo que más les gusta a los niños es correr, patear, celebrar y competir. (Nota: no siempre para ganar, eso es una perspectiva mucho más adulta. Los niños que odian perder aprenden ese atributo de los adultos que les rodean. Ganar está bien, pero también perder, sobre todo si se gana experiencia).

Si creamos oportunidades para que los jóvenes disfruten del fútbol, convirtiéndose en mejores personas en el proceso, tendremos niños felices en nuestras manos. ¿Quién podría pedir más?

Habilidades básicas de control

España contra Inglaterra. La recién inaugurada Copa de Naciones. Es un partido que Inglaterra debe ganar, pero las probabilidades están en su contra. La posesión se gana en lo profundo del campo inglés y el balón se golpea pronto y en largo.

No es la mejor táctica, sobre todo contra una defensa bien organizada que no se ha comprometido en exceso en la parte frontal. España ha mantenido a dos defensas atrás para hacer frente a la amenaza del único delantero de Inglaterra, Harry Kane que ha estado en una buena racha, ganó la Bota de Oro en el Mundial, y es reconocido como uno de los mejores números 9 del mundo. Pero aquí está aislado.

Se puede apreciar un toque de buena suerte en la primera etapa de su trabajo. Cuando se dirige a la portería, fuertemente marcado y casi perdiendo el balón, éste le coge la parte posterior del pie. Pero a partir de ahí, el trabajo de Kane es excelente. Consciente de que corre el peligro de perder el balón, se gira rápidamente y se coloca en posición. Su primer toque aleja el balón de sus defensores, pero no quita todo el protagonismo al ataque. El segundo es suficiente para atraer a un defensor y crear un espacio a su espalda.

Su control del balón también ha permitido a otro compañero de equipo correr hacia adelante en apoyo. El tercer toque de Kane es un pase muy bien ponderado que pone en juego a ese compañero y sólo hace falta un toque más para que el balón llegue al fondo de la red. Todo ello ha sido posible gracias a un esperanzador pase hacia delante controlado con excelencia técnica y visión de juego.

El control del balón es fundamental en el fútbol. Los observadores buscan esta habilidad por encima de todas las demás cuando evalúan el potencial de un joven jugador. Es el atributo que conduce a la calidad del pase, el disparo y el regate.

El control del balón consta de varias fases, todas ellas importantes, y aunque practicarlas no sea tan divertido como disparar o driblar, el tiempo que se dedique a cada una de ellas reportará importantes recompensas.

Chequeo de presión

El método preciso para obtener el control depende, en cierta medida, del tiempo que tenga el receptor antes de ser placado. Igualmente, hay que tomar una decisión tajante en cuanto a si el receptor se mueve hacia el balón, permanece en el mismo lugar o se aleja del mismo.

Como regla general, lo mejor es moverse hacia el balón, y esta es una buena posición por defecto a adoptar. Sin embargo, no siempre es la opción más fuerte.

Veamos la información que un jugador necesita procesar para tomar su decisión.

Avanzar hacia el balón: Por lo general, esto maximizará el tiempo sobre el balón, quitando presión al primer toque, que veremos más adelante en este capítulo. También reduce la posibilidad de que el pase sea interceptado por el rival, y permite avanzar rápidamente con el balón. El ritmo de un ataque suele ser la clave para crear ocasiones y marcar goles. La decisión de avanzar y acercarse al balón se decidirá por los siguientes factores:

- ¿Existe riesgo de interceptación?
- ¿Tendré más tiempo con la pelota si me muevo hacia ella?
- ¿Puedo ver un pase más rápido si me muevo hacia el balón?
- ¿No estoy seguro de que haya contrincantes cerca?

Consejo: los niños más pequeños suelen querer regatear en lugar de pasar. Este es su estado de desarrollo emocional, donde el "yo" es dominante. Prepara una carrera, ellos contra la pelota. Así verán que la pelota viaja más rápido de lo que ellos pueden correr.

Esperar el balón: Esta es la decisión que hay que tomar cuando la intención es tomar el balón, y conducirlo hacia delante con un regate, o un pase que continúe cambiando de juego. (Por "cambiar de juego" se entiende mover el balón rápidamente de un lado del campo a otro, normalmente con no más de dos o tres pases). Los jugadores decidirán si dan un toque o, si el ángulo y el ritmo del pase son correctos, además de si tienen tiempo, lo dejan rodar y avanzan con un regate o un primer pase.

- ¿Tengo tiempo?

- ¿El desplazamiento hacia el balón restringirá las opciones que tengo cuando lo controle?

Alejarse del balón: Esta es la opción menos común, pero se puede utilizar cuando el pase es largo y se necesita cambiar de posición para controlar el balón con mayor facilidad.

- ¿El pase rebotará delante de mí, pasará por encima de mi cabeza o me sobrepasará antes de que pueda alcanzarlo?
- ¿Es un pase largo que voy a hacer con la cabeza?

Tomar estas decisiones se convierte en algo natural con la práctica, pero se pueden utilizar dos conjuntos de ejercicios para ayudar a desarrollar ese instinto. El objetivo de estos ejercicios es hacer que las maniobras sean instintivas. Uno de ellos consiste en mirar por encima del hombro cuando se juega el balón, mientras que el segundo es un poco más técnico y trata de desarrollar la visión periférica. Cuanto mejor sea ésta, menos tiempo pasará el jugador sin mirar el balón.

Ejercicio de control - La mirada

En este ejercicio, y en cada uno de los siguientes en los que se presentan diagramas, utilizamos la siguiente clave:

- Círculo blanco - Equipo predominantemente ofensivo;
- Círculo negro - Equipo predominantemente defensivo;
- Pequeño círculo gris - Bola;
- Flecha blanca gruesa - Movimiento del balón;

- Flecha negra estrecha - Movimiento de los jugadores ofensivos;
- Flecha negra gruesa - Movimiento de los jugadores defensivos;
- Caja - Campo, no a escala.
- Óvalos grises (varios tamaños) - Porterías adicionales, conos, etc.

Hemos utilizado diagramas cuando consideramos que una guía pictórica hace más claro el ejercicio. Otros son muy sencillos (pero no por ello menos eficaces) y se pueden comunicar mejor sólo con palabras.

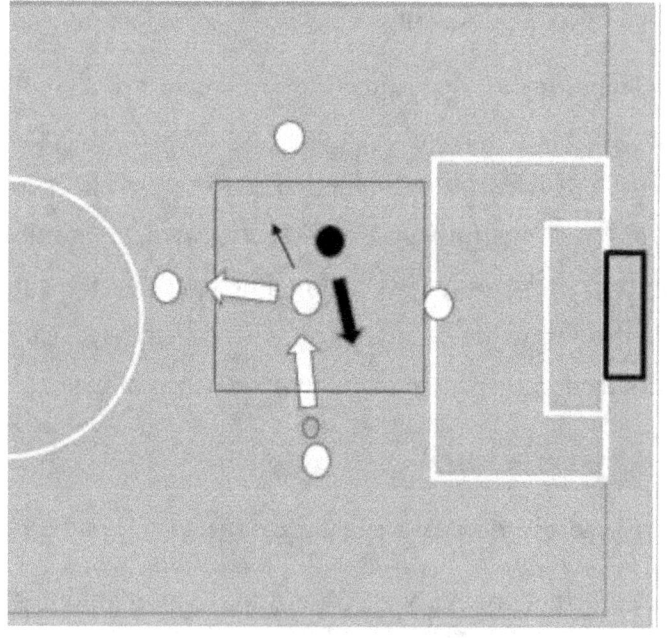

En "La mirada" se establece una simple cuadrícula de 10 x 10 m. Hay cinco jugadores ofensivos y uno defensivo. A medida que las habilidades mejoran, se puede añadir un segundo jugador defensivo. El ejercicio consiste en mejorar la conciencia de los jugadores sobre el tiempo que tienen. El balón se juega hacia el jugador ofensivo de la cuadrícula, que puede dar dos toques para entregar el balón a un compañero de equipo, y luego alejarse del jugador defensivo. A continuación, se vuelve a jugar el balón y el ejercicio continúa.

El jugador central ofensivo debe echar un vistazo a su alrededor cuando el balón es jugado, sólo un vistazo rápido. Esto le indicará el movimiento del jugador defensivo. La función de este jugador no es hacer un placaje, sino interceptar por dónde irá el siguiente pase.

Ejercicio de control - Desarrollo de la visión periférica

Un ejercicio divertido y popular que no está directamente relacionado con el fútbol. A veces, esta práctica se llama bulldog. El ejercicio funciona especialmente bien en interiores, pero puede jugarse en exteriores. Se organizan dos equipos. Se crea un terreno de juego estrecho, de unos 6 m x 20 m. El ejercicio funciona mejor con un grupo grande de jugadores, pero el terreno de juego puede reducirse si el número de jugadores disponibles es pequeño.

Un equipo se alinea a cada lado del campo (o, si están en el interior, un lado puede ser la pared, lo que añade el reto adicional de los rebotes). Estarán armados con un gran número de pelotas ligeras de goma o esponja. El equipo dos debe ir de un extremo a otro del campo sin ser golpeado por una de las pelotas de esponja.

Una vez golpeados, se unen al equipo "lanzador". El juego continúa hasta que hay un ganador: el último jugador "no tocado". A continuación, los equipos se intercambian.

Ver el panorama general

Una vez que los jugadores deciden automáticamente dónde colocarse para recibir el balón, el siguiente paso es conseguir que nuestro equipo de jóvenes vea el panorama general. Aunque se describe aquí como una habilidad independiente, en realidad, decidir qué hacer con el balón ocurre casi simultáneamente con la decisión de esperar o moverse hacia el pase o alejarse de él.

La prioridad principal es mantener la posesión, lo que se consigue con las decisiones anteriores. Lo siguiente es qué hacer una vez que se mantiene la posesión, y esa es una decisión mucho más importante que influye en una serie de decisiones posteriores. Dónde recibir el balón, qué posición del cuerpo adoptar y con qué parte del cuerpo controlar el balón son cuestiones que se seleccionan tras la decisión de dónde irá el balón a continuación.

Sin querer adentrarnos demasiado en el desarrollo infantil, es importante entender cómo los niños perciben el mundo. Hasta alrededor de los cinco o seis años, esto es completamente desde su perspectiva.

Por lo tanto, intentar que decidan si es mejor pasar la pelota, regatearla o despejarla es prácticamente imposible a esta edad. Esto se debe a que ven el juego sólo desde su perspectiva, no la del equipo. Es mucho mejor con esta edad trabajar las habilidades.

A medida que los niños crecen, sí ven los beneficios del juego en equipo, pero todavía desde una perspectiva inusual. Los que entrenan u observan con regularidad verán que, hasta la edad de unos 11 o 12 años, los jugadores pasarán desproporcionadamente a sus mejores amigos en el equipo, o a aquellos jugadores que perciben como los mejores. Lo hacen incluso cuando otros compañeros de equipo podrían estar mejor situados.

Este comportamiento puede ser cuestionado, ciertamente a partir de los 8 o 9 años, pero el entrenador debe entender que es un factor de desarrollo el que lo provoca, no una falta de conciencia futbolística.

Una forma estupenda de ayudar a los jóvenes a desarrollar una visión más amplia es utilizar videos y resúmenes de partidos. Son útiles porque se pueden pausar para ilustrar un punto. Los resúmenes son útiles porque también muestran las malas decisiones y las grandes habilidades individuales (que suelen ser el centro de atención de los videos). También es bueno que los jugadores jóvenes vean que incluso los profesionales de alto nivel cometen errores, y que esto es un valioso proceso de aprendizaje.

No todos los entrenadores tienen acceso a una sede con un televisor o un monitor, pero se pueden utilizar ordenadores portátiles y también se puede pedir a los padres que enseñen a sus hijos en casa, quizás con una lista del tipo de preguntas abiertas que hacen pensar a los niños.

A menos que estemos entrenando a un equipo juvenil de mayor edad, o a uno de especial talento, es mejor no etiquetar estas sesiones como "tácticas", que muchos niños consideran aburridas. Más bien, hay que mantener las sesiones cortas, de cinco minutos como máximo, y venderlas sobre la base de mostrar un gol, o escoger algunos momentos destacados de un partido importante.

A continuación, el hábil entrenador detiene la grabación en varios momentos y destaca las decisiones tomadas por los jugadores al recibir el balón. Las preguntas "¿Por qué?" hacen pensar a los niños. ¿Por qué esperó Messi ese pase? ¿Por qué Ozil no dio el primer pase?", etc.

Ejercicio de control - Panorama general

Para este ejercicio, jugamos un partido normal, o de poca envergadura. El entrenador les dice a los jugadores que cuando suene el silbato todos deben quedarse quietos inmediatamente. A continuación, pregunta a los jugadores sobre sus decisiones, hacia dónde correrán, cómo aceptará el balón el receptor, dónde cubrirá la defensa.

Este tipo de ejercicio es eficaz si se realiza con regularidad, durante unos diez minutos, y el entrenador detiene el juego una vez por minuto durante ese tiempo. Si se hace más, los jugadores se frustran, y si se hace menos, se pierde la oportunidad de hacer observaciones sobre la posición y la toma de decisiones.

Recepción del balón

Ahora que el jugador ha tomado la decisión de dónde va a recibir el balón y qué va a hacer con él, debe practicar la habilidad del primer toque o control. Es importante que, aunque el primer toque es la habilidad clave en este aspecto del juego, la forma en que se mueven y la decisión que toman informan sobre cómo reciben el balón.

Son esas fracciones de segundo vitales las que hacen que el pase sea más rápido, con menos presión y de la forma correcta, lo que distingue al jugador muy bueno del meramente talentoso. Podemos utilizar la analogía de atrapar una pelota. El acto de atraparla es relativamente fácil, al igual que pasarla o regatearla. Sin embargo, se trata de conseguir en el lugar correcto con la posición correcta del cuerpo que hace que la captura sea directa. Lo mismo ocurre con el fútbol.

Controlando con el pie

Interior del pie

La forma más segura y común de controlar el balón es con el interior del pie. Esta es la habilidad básica de control que debe enseñarse en primer lugar. El balón golpeará el interior del pie, y el toque debería (a menos que haya una presión significativa que resulte en una entrada) mover el balón alrededor de ocho a doce pulgadas delante del jugador después del contacto.

Este movimiento se hará en una ligera posición diagonal hacia atrás si el receptor desea tener tiempo sobre el balón antes de decidir lo que debe hacer a continuación, ya que el jugador puede entonces interponer su cuerpo entre el balón y un adversario, dándole tiempo para tomar una decisión.

Hay una serie de técnicas clave que los jugadores jóvenes deben adquirir.

- A menos que hayan tomado la decisión específica de esperar el balón, se mueven hacia él.
- Se aseguran de que su pecho esté en línea con la llegada del balón.
- La cabeza se desplaza ligeramente hacia delante, lo que garantiza que su peso esté por encima del balón. Esto evitará que rebote hacia arriba y que se pierda el control.
- Los codos y los brazos deben estar fuera para asegurar el mejor equilibrio. Esto es muy importante para los niños pequeños, para quienes el equilibrio natural aún se está adquiriendo.

- El pie plantado (el contrario al que atrapa el balón) debe apuntar a la dirección del balón, y estar ligeramente separado de él.
- El pie que atrapa se sitúa en ángulo recto con el pie plantado.
- La rodilla de la pierna que atrapa está ligeramente doblada hacia delante para asegurar que el peso está sobre el balón una vez más.
- Cuando el balón golpea el pie de apoyo, éste desciende ligeramente hacia atrás para amortiguar el balón. Cuanto más retroceda, más cerca del cuerpo se detendrá el balón. Sin embargo, si desciende demasiado, el balón se atascará bajo el cuerpo del jugador y éste tendrá que sacarlo para poder jugarlo. Un buen primer toque deja el balón a una ligera distancia del cuerpo, con el cuerpo protegiéndolo de cualquier adversario.

Ejercicio de control - Control básico; parte interior del pie

Esta habilidad básica debe repetirse incluso con jugadores mayores y más hábiles. Es el elemento central para mantener la posesión y una habilidad esencial en un jugador.

El ejercicio concreto que destacamos aquí es para jugadores más avanzados. Consiste en trabajar 6 contra 2 en un área de penalti, o en una cuadrícula de 20 x 10 m. El círculo central de un campo de tamaño normal también funciona.

Los dos jugadores llevan peto para poder cambiar rápidamente de rol. Se trata de un juego de posesión a dos toques. Los jugadores reciben el balón, recordando mirar para comprobar la posición de los adversarios. Deben controlar el balón con la parte interior del pie, y poner el balón con el segundo toque.

Si el adversario se hace con el control del balón, o éste sale de la zona marcada, los dos jugadores de la defensa se intercambian con los dos últimos atacantes que hayan tocado el balón.

El ejercicio puede comenzar simplemente con un 4 contra 1; o se pueden permitir tres toques en lugar de dos. Sin embargo, en situaciones de juego de partido, los jugadores querrán cambiar el balón rápidamente, de ahí el número limitado de toques permitidos en el balón.

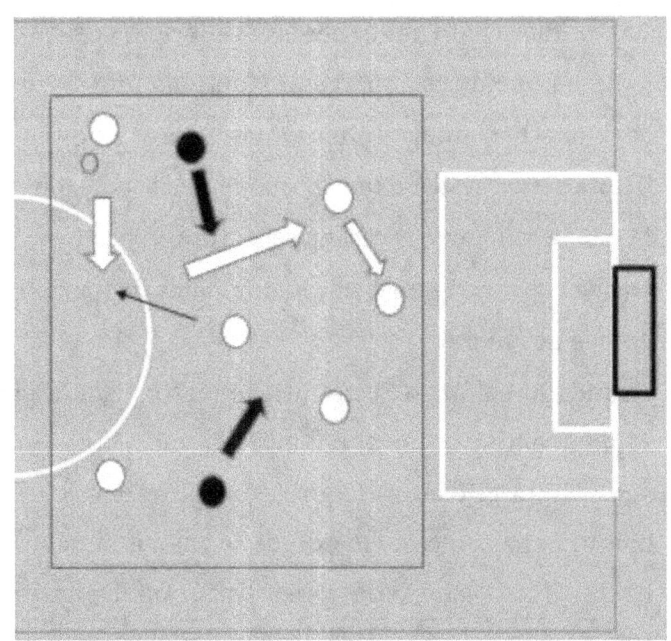

Exterior del pie

Esta es una habilidad mucho más difícil de adquirir, y se utiliza para mejorar a un jugador que busca girar rápidamente, ya sea para ganar un poco de espacio de un marcador apretado, o para continuar moviendo el balón rápidamente en la dirección que está viajando.

Las habilidades clave que hay que practicar son las siguientes:

- Muévete hacia el balón.
- El hombro del lado receptor apunta hacia la dirección de la que viene el balón.

- Brazos fuera para mantener el equilibrio, y para proteger el balón (si un oponente está marcando fuertemente).
- Inclínate hacia delante para que el peso esté por encima de la pelota y asegúrate de que se quede en el suelo.
- Dobla la rodilla de la pierna receptora.
- Dirige el pie receptor ligeramente hacia dentro para que el balón golpee por fuera.
- Cuando el balón golpea el pie, se gira la cadera para dar vuelta rápidamente y pasar al balón. Nota: por lo general, un jugador completará el cuarto de giro en la dirección en la que viaja el balón, pero a veces, cuando se le marca de cerca, puede girar hacia el otro lado para rodear a un oponente y engañarlo en cuanto a la dirección en la que viajará el balón.

Ejercicio de control - Giro con la parte exterior del pie

Utiliza las habilidades clave mencionadas en la lista de técnicas indicada anteriormente. Este ejercicio utiliza la semi-oposición. El objetivo es que el delantero gire al defensor, dé un toque y dispare.

En el ejercicio participan dos delanteros, uno para pasar y otro para disparar, y un defensor. También hay un portero. Los jugadores rotan los papeles.

La defensa debe empezar por ofrecer una oposición limitada a todos los delanteros para que practiquen sus habilidades.

Evidentemente, en una situación de partido, la defensa no sabría con certeza que su delantero estaba buscando girar y adaptarían su defensa en consecuencia.

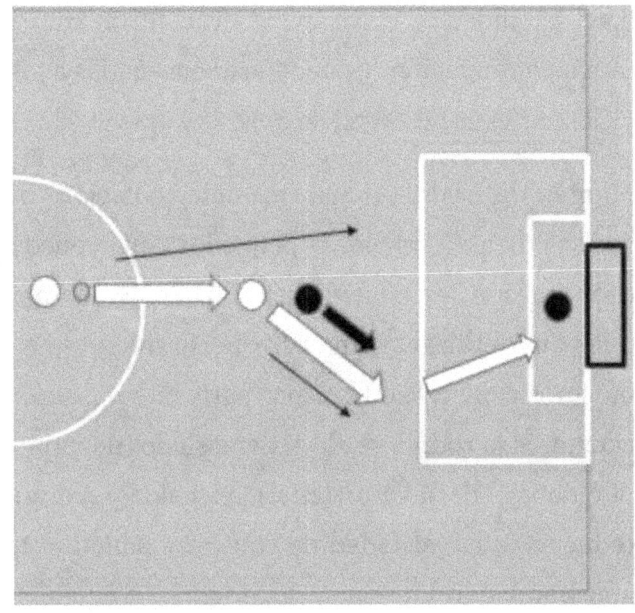

Controlando con el muslo

Queremos que los jugadores jóvenes desarrollen un enfoque del juego que mantenga el balón en la cubierta. Esto hace que sea mucho más fácil de controlar, y por lo tanto la siguiente etapa de una jugada más fácil de completar. Los jugadores son más eficaces cuando el juego del fútbol se realiza de forma sencilla.

Sin embargo, habrá ocasiones, por ejemplo, en un pase largo, un remate de cabeza o un saque de banda, en las que habrá que controlar el balón antes de que llegue al suelo.

Las habilidades clave para el control con los muslos se encuentran a continuación, y pueden ser enseñadas a los niños a través del ejercicio que sigue, el Ejercicio Seis.

- Mantén la rodilla baja: es una tentación para los niños, especialmente los más pequeños que pueden carecer de coordinación, levantar el muslo en alto. Esa es la parte del cuerpo que van a utilizar, y una vez que su mente se centra en eso, el muslo se convierte en la única parte de su posición que tienen en cuenta. Si la rodilla se eleva demasiado (debería estar en ángulo por debajo de la horizontal), el balón rebotará hacia arriba, reduciendo la velocidad de control y dando a un adversario la oportunidad de interceptarlo. Además, el equilibrio es más difícil de mantener. Simplemente, el niño podría caerse. Divertido en un entrenamiento, frustrante en un partido. (Pero aún así, mientras estén bien y lo encuentren gracioso)
- Los ojos deben observar el balón con atención.
- La rodilla se dirige de manera que el balón golpee el muslo en el centro. De ese modo, desciende hasta los pies, y cuanto antes ocurra esto, antes se podrá progresar en la jugada.
- Cuando se está bajo presión, y especialmente en los saques de banda, el jugador debe buscar la volea lateral del balón que baja

del muslo. El pase debe dirigirse de vuelta por donde vino. Por ejemplo, hacia el jugador que hizo el lanzamiento original.

Ejercicio de control - Control del muslo

Un ejercicio sencillo que practica justo lo que se propone mejorar. Todo un grupo de jugadores puede trabajar en este ejercicio al mismo tiempo. Divide el grupo en parejas. Uno de los miembros de la pareja (el pasador) utiliza la línea de banda como marcador. El otro (el receptor) se sitúa 10 metros más atrás, utilizando un cono para guiar su punto de partida.

El que pasa se arrodilla y lanza el balón a su compañero. El receptor avanza un par de metros, controla el balón en su muslo utilizando la técnica descrita anteriormente, y devuelve el balón al pasador con un pase. El receptor vuelve a trotar hacia su cono y avanza listo para recibir el balón en su otro muslo. Así continúa el ejercicio.

Trabaja durante un minuto con cada jugador antes de intercambiar los papeles.

Controlando con el pecho

A medida que nos desplazamos hacia arriba del cuerpo, el control se vuelve más difícil. Por lo general, con el control de pecho el objetivo es bajar el balón a los pies lo más rápido posible y ponerlo en juego rápidamente. Es una habilidad esencial para los delanteros del tipo "hombre objetivo" y los jugadores defensivos que buscan interceptar y hacer avanzar el balón.

Habilidades clave

- Observa el balón hasta el final con la cabeza alineada. Esto hace que los pies se coloquen automáticamente en su posición.
- Bazos abiertos para ganar equilibrio, y para que la zona del pecho sea lo más amplia posible.
- Inclina el pecho ligeramente hacia arriba.
- Mantén los brazos abiertos hasta que el balón haya caído, ya que los jugadores suelen estar presionados al sacar el pecho.
- Baja el balón a los pies rápidamente, para continuar el movimiento.

Ejercicio de control - Control de pecho

Un buen ejercicio para el control del pecho es simplemente tomar el ejercicio seis, y hacer que el alimentador lance la pelota desde una posición de pie. Sin embargo, el siguiente ejercicio lleva el control del pecho un poco más allá.

El jugador uno lanza el balón. El jugador dos controla con el pecho y entrega el balón a la persona que hizo el lanzamiento o a un compañero de equipo. Se proporciona una oposición moderada.

Consejo: *Dile a los jugadores que lanzan por debajo del brazo que apunten a la cabeza, el balón caerá limpiamente a la altura del pecho.*

El balón se pasa a lo ancho del campo bajo control, y el proceso vuelve a empezar desde el otro lado. En el ejercicio participan cinco jugadores ofensivos y dos defensivos.

Para añadir un elemento de competición, el equipo intenta completar diez jugadas sin perder el control del balón ni conceder la posesión. Los entrenadores deben empezar por buscar una buena técnica y movimiento de sus jugadores, y luego añadir velocidad al desafío, tal vez añadiendo un elemento de tiempo para poner más presión en el lado atacante.

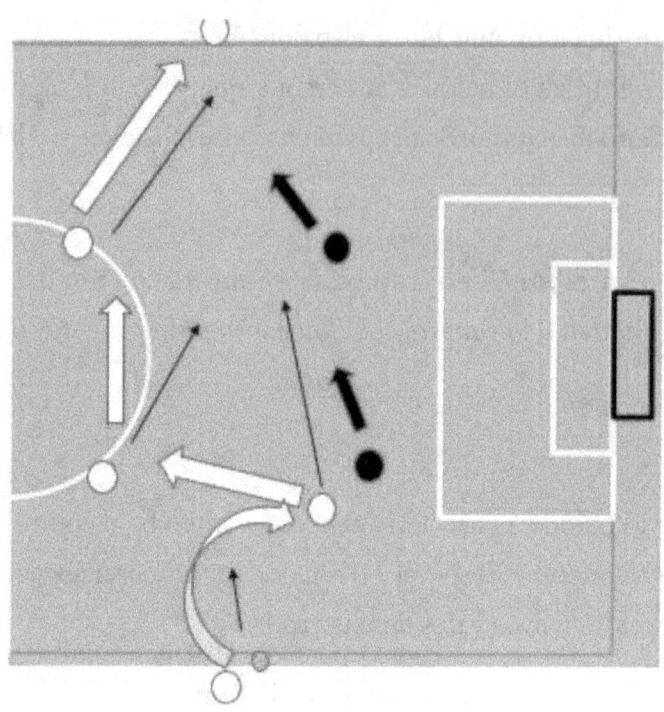

Controlando con la cabeza

En estos momentos se está debatiendo mucho sobre el cabeceo de los balones de fútbol. El ex delantero inglés y máximo goleador histórico de la Premier League, Alan Shearer, participó recientemente en un documental televisivo en el que se analizaba el impacto de los cabezazos en el cerebro. Los resultados fueron aterradores, incluso para un adulto. El elemento conmocionante de los cabezazos, incluso los más suaves, era considerable. Shearer se sentía moderadamente cansado con bastante rapidez, y era capaz de realizar tareas cognitivas sencillas con menos rapidez y con menor precisión.

Aunque el impacto inmediato desaparecía con el tiempo, la conclusión fue que se producen pequeñas cantidades de daño cada vez que se cabecea el balón.

Por lo tanto, el juego mundial está considerando si el cabeceo del balón debe ser eliminado por completo del juego juvenil. Sin embargo, hasta que se tome una decisión en este sentido o no, es una parte del juego.

Por lo tanto, es una habilidad que los jugadores deben aprender. Sin embargo, es importante señalar que *es beneficioso para el juego en equipo, así como para la salud de los jugadores, mantener el balón en el suelo, lo que elimina la posibilidad de cabecearlo.*

Hay cuatro propósitos para cabecear el balón:

Ganar altura y distancia con un cabezazo defensivo;

Pasar el balón a un compañero;

Utilizar el remate de cabeza como intento directo de gol;

Controlar un balón alto.

La técnica de cada uno de ellos es muy importante (por razones de seguridad: cabecear el balón correctamente no elimina las consecuencias de la conmoción, pero parece reducirlas sustancialmente) y variada. En este caso, nos centramos en el último ejemplo, el cabeceo para controlar el balón.

Ten en cuenta que esto debe ser el último recurso; si se puede dejar correr el balón, esa debe ser la opción que tome el jugador. Sin embargo, a veces esto hará que se pierda la posesión.

En cada una de las dos formas siguientes de controlar con la cabeza, los brazos deben estar fuera para mantener el equilibrio, los músculos de la cabeza y el cuello deben mantenerse firmes, los ojos deben mantenerse en la pelota y abiertos el mayor tiempo posible y la pelota debe golpearse con la mitad de la frente (nunca con la parte superior de la cabeza en este caso).

Correr para cabecear el balón: Cuando se entrega un balón alto a un jugador que avanza con un espacio considerable delante de él, éste puede optar por cabecear el balón hacia delante para correr hacia él. En este caso, la cabeza se inclina hacia delante y ligeramente hacia abajo para cabecear hacia delante y hacia abajo. El jugador corre hacia donde ha cabeceado el balón.

Cabecear para controlar: En este caso, el objetivo es quitarle el ritmo al balón, al igual que con el control de pecho. Es una habilidad difícil y, si es posible, el jugador debería intentar cabecear el balón a un compañero. Sin embargo, esto no siempre es posible. El balón se recibe con el pecho. El jugador inclina la cabeza ligeramente hacia atrás en el momento del impacto, y la deja caer ligeramente hacia atrás para amortiguar el balón. A continuación, el balón rebota ligeramente hacia arriba y baja hasta los pies, donde se controla.

El jugador mantiene los brazos extendidos todo el tiempo para tener mayor equilibrio y proteger el balón. Es frecuente que el control vaya de la cabeza al pecho o al muslo antes de tocar el suelo, cada maniobra quita más ritmo al balón y facilita el control con el pie.

Ejercicio de control - Cabeceo

Si se decide realizar ejercicios de cabeceo con los niños, es posible decir que es más seguro aprender la técnica que cabecear el balón de forma incorrecta bajo la presión de un partido, los ejercicios deben ser cortos, no más de cinco cabeceos por ejercicio, y sólo un ejercicio por sesión.

Trabajen de a dos; uno es el alimentador y el otro dirige el balón. Decidan qué control se utilizará. Si es corriendo, el balón se lanzará ligeramente por delante del jugador, si es para control personal, directamente hacia él.

Haz que el alimentador se arrodille y lance la pelota con suavidad. Con los niños más pequeños, de 10 a 11 años, se deben utilizar pelotas de esponja secas, o incluso globos, hasta que se adquiera la técnica.

NOTA: *En el momento de redactar este artículo, en EE.UU. el uso del cabeceo en el fútbol está prohibido para los menores de 10 años, y sólo se permite en las prácticas para los que tienen entre 11 y 13 años.*

Segundo toque

No nos detendremos demasiado en esto, salvo para decir que cuanto mejor sea el primer toque de un jugador, más fácil será el segundo toque. El segundo toque consiste en una toma de decisiones, ya sea para pasar o regatear, proteger o atacar. A medida que los jugadores progresan, se vuelven más rápidos a la hora de tomar estas decisiones, hasta el punto en que las toman antes de que el balón les llega para su primer toque.

Esto nos lleva a la segunda etapa del desarrollo de habilidades con los jóvenes. Una vez que tienen el balón controlado, la mejor opción suele ser el pase; en el próximo capítulo veremos cómo pueden aprender a hacerlo.

Habilidades de pase

Entra en YouTube y busca videos de los grandes pasadores del fútbol. Jugadores como Xavi, el acorazado español con toque de pianista; Andrea Pirlo, que podía controlar un partido desde el fondo, dictando el juego y creando ocasiones.

Mejor aún, muestra a estos grandes jugadores en acción a tus propios hijos, o a los de tu equipo. Por supuesto, la estruendosa entrada hace que el corazón se acelere con una pasión primigenia; el disparo enroscado pone en pie a una multitud; el sorprendente regate hace cosquillas con un toque cada vez mayor. Esos son los espectáculos del juego. Pero si eso fuera lo único que le importara al ser humano, no habría grandes novelas; las películas sólo serían del estilo Marvel Comic con alta acción; la poesía no existiría y tampoco el gran drama. Las galerías de arte cerrarían en lugar de generar colas para ver las obras maestras que contienen. Miguel Ángel habría construido casas en lugar de esculturas emotivas.

Vale, quizás nos estemos pasando un poco. Pero lo que queremos decir es importante. El pase es el aspecto cultural del juego; el elemento cerebral que, al más alto nivel, supera todos los demás. Pero a los niños les gusta la acción, les gusta el estruendo y la gloria. Conseguir que entiendan que los pases son el corazón del fútbol puede ser un reto.

Piensa en un grupo de niños de siete años jugando al fútbol. La pelota rara vez es visible, perdida bajo el marasmo de cuerpos que la persiguen.

Ocasionalmente, el niño con una perspectiva del estado del juego encontrará espacio y pedirá el pase. Las posibilidades de que un compañero de equipo tenga la visión necesaria para detectar ese pase son escasas. En cambio, el resto de los jugadores de cada bando persiguen con ahínco... pero sin pensar demasiado.

Por eso, enseñar la habilidad del pase cuando se trabaja con niños es un reto. Sin embargo, si el entrenador hábil y paciente logrará el éxito. El primer elemento para conseguir que los niños pasen es reforzar constantemente su valor. Pero no de una manera que critique el instinto básico de los niños de correr con el balón. El entrenador debe detener el juego para resaltar el pase; elogiar al jugador que encuentra espacio. El entrenador debe deshacerse en elogios hacia el niño que intenta un pase, lo consiga o no.

Es buena idea jugar partidos en los que se prohíba el regate. Y sólo con el tiempo los grupos de jugadores jóvenes empezarán a utilizar la potencia del pase. Ese es el punto en el que se puede desarrollar el enfoque en la mejora de las habilidades involucradas en los diversos tipos de pase que mejoran el juego.

Juegos para inculcar la cultura del pase

A los niños pequeños les encanta el elemento de juego de una sesión de entrenamiento. En realidad, también a los niños mayores, los adolescentes, los adultos y los profesionales. Es cierto que, a medida que se asciende en la escala del fútbol, los jugadores adquieren una mayor comprensión de la importancia del desarrollo de las habilidades, del juego en equipo y de la condición física y la resistencia. Pero seamos sinceros, lo más destacado de la sesión es el juego.

Al fin y al cabo, si no nos gustara la competición, no haríamos deporte. Por ello, es una buena idea utilizar los juegos para desarrollar las habilidades que queremos que mejoren.

Ejercicio de pases: Juego de pases 3 contra 3 con minigoles

Este es un gran punto de partida para un juego. Se puede jugar con tres por bando, o puede llegar a siete por bando. Más adelante se pueden realizar ejercicios de estilo Rondo utilizando los mismos principios. En este caso, uno de los bandos estará cargado de jugadores, y este equipo tendrá que idear formas de crear oportunidades y ocasiones.

Sin embargo, nuestro ejercicio básico funciona en una cuadrícula de 10 x 20 metros. Las porterías se sitúan a cinco metros de cada extremo. Las porterías son simplemente conos a un metro de distancia. Los "goles" se pueden marcar desde delante o desde detrás de la portería.

Los jugadores orientados a la táctica podrían descubrir que meter a un jugador entre los postes impedirá cualquier esperanza de marcar, lo que desvirtúa el objetivo de un ejercicio que pretende desarrollar el pase.

Por lo tanto, puede ser necesario establecer algunas reglas, como una zona de exclusión alrededor de las porterías; otra técnica es conceder un punto por un disparo y tres por un gol. De este modo, aunque los goles no entren, el juego será efectivamente de 2 contra 3, y los 3 jugadores ganarán porque es más fácil para ellos mantener la posesión.

El juego es sencillo. Permite cuatro toques al principio, y luego redúcelo gradualmente a un toque a medida que los jugadores crezcan y mejoren. No permitas que los jugadores hagan entradas o regates. Por lo tanto, incluso con el juego de cuatro toques, una vez que un jugador tiene el balón bajo control debe pasar. Concéntrate en lo que el ejercicio pretende conseguir, desarrollar el pase como primera opción, más que en los detalles de las reglas del juego. En el caso de los niños pequeños, les resultará difícil salir de su mentalidad de regate, e inevitablemente se producirán más toques de los permitidos.

Consejo: *cuando se trabaja con niños, es fundamental mantener el objetivo del ejercicio en primer plano. Los jóvenes cometerán errores con la estructura de un ejercicio, pero eso no importa mientras se practique la habilidad clave.*

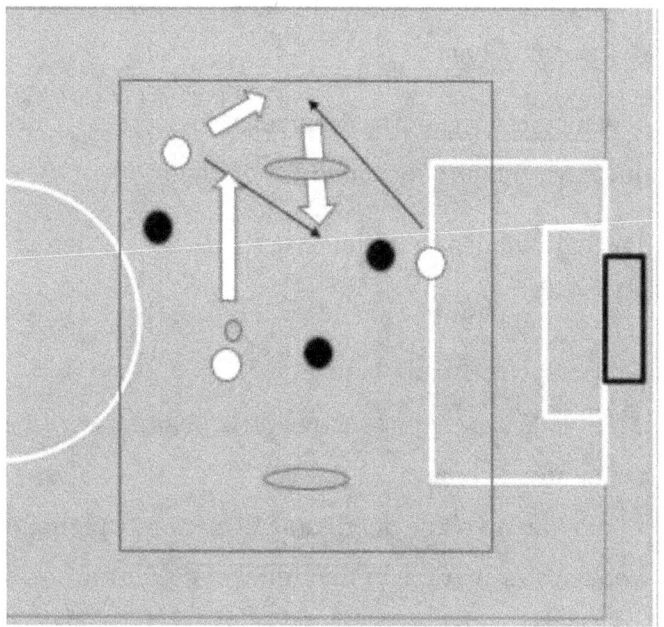

Pases cortos

Los mejores equipos utilizan los pases cortos con gran efecto. Piensa en la década de dominio de la selección española y sus equipos, especialmente el Barcelona. Su éxito se basó en un juego de pases cortos, conocido como tiki taka.

Las ventajas de los pases cortos son que es más fácil ser preciso, y como el balón estará inevitablemente en el suelo, el control para el jugador que lo recibe también es más sencillo. Sin embargo, se necesita velocidad, y eso significa que el primer toque debe ser exacto. El balón debe pasarse con firmeza, y no deben darse más de dos toques hasta que se vuelva a pasar el balón.

Los mejores jugadores desarrollan la técnica de utilizar los pases a un toque para generar velocidad y movimiento.

Las habilidades clave del pase corto son las siguientes:

- Usa el empeine.
- Golpear firmemente la pelota.
- Mantén la cabeza por encima de la pelota, para asegurarte de que se mantenga baja.
- El pie que no patea debe estar firmemente plantado, y los brazos deben estar fuera para mantener el equilibrio.
- Una vez completado el pase, los jugadores se mueven rápidamente para tomar una posición para un pase de vuelta.

Ejercicio de pase: Pases cortos sin presión

Se trata de un ejercicio excelente, con mucho ritmo y en el que participan todos los jugadores.

En el ejercicio participan cinco jugadores y se desarrolla en torno a una cuadrícula de 10 metros cuadrados. Un jugador ocupa cada lado, y el quinto jugador mantiene el espacio central. Se permite un máximo de dos toques, y debe fomentarse el pase a un toque.

El balón se juega hacia el jugador central, que controla y pasa a otro jugador. Ese jugador vuelve a pasar al jugador central y así sucesivamente. Cada vez que un jugador hace un pase debe desplazarse, los jugadores exteriores a lo largo de su línea y el jugador central a una posición en la que pueda recibir el pase y girar rápidamente para jugar el siguiente balón.

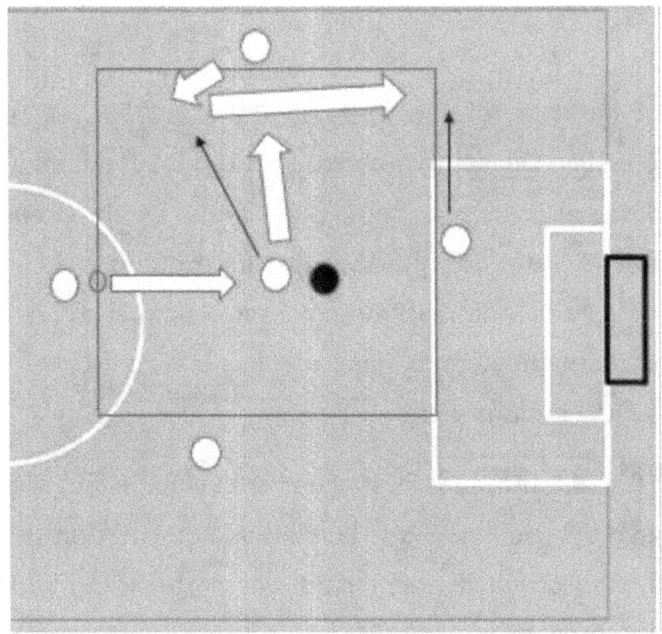

El ejercicio puede desarrollarse fácilmente. Se puede añadir un oponente para ofrecer una semi oposición al jugador central. El jugador central no tiene que recibir todos los pases. El entrenador fomenta el toque, la técnica en el pase, la velocidad, el movimiento y la comunicación.

Esto último es muy importante. En los pases cortos, los jugadores deben estar en la misma longitud de onda; eso se desarrolla con la comunicación verbal y física. Por ejemplo, pedir el balón, indicar con las manos hacia dónde hay que hacer el pase.

Ejercicio de pase: Rondo de pases cortos

Para construir su juego de pases cortos, el entrenador del Barcelona, Pep Guardiola, desarrolló el rondo, es decir, un ejercicio con lados desiguales. La gran ventaja del rondo es que proporciona cierta oposición y, por tanto, presión. Eso hace que el ejercicio se acerque mucho más a la vida real. Sin embargo, la oposición es limitada, y el equipo dominante debería tener muchas oportunidades de practicar la habilidad en cuestión.

Por lo tanto, se utiliza alguna situación de juego, pero no el tipo de juego de partido en el que la habilidad en cuestión se pierde dentro de la dinámica que se crea cuando las partes están igualadas en una situación competitiva.

El rondo que se presenta a continuación puede adaptarse a las necesidades y habilidades de un equipo.

Sin duda, los menores de 8 años con talento pueden utilizar este tipo de ejercicios.

El objetivo es mantener la posesión. Se utiliza una cuadrícula pequeña; el tamaño de la cuadrícula depende en cierta medida de la edad y la capacidad de los jugadores. Por ejemplo, un buen equipo sub 12 podría utilizar una cuadrícula de 10 x 5 metros, mientras que los sub 9 podrían utilizar una cuadrícula de 10 x 10 metros.

En este ejercicio participan seis jugadores. Utilizan petos de dos colores para identificar a la oposición. Esto permite un rápido cambio de roles, mantener el ejercicio en movimiento y se mantiene el interés de los jugadores. No hay goles y el objetivo es mantener la posesión. Mediante pases cortos a uno o dos toques, buena comunicación y movimiento se mantiene la posesión. Cada vez que se pierde, o el balón sale de la red, la última persona en jugarlo intercambia los papeles con uno de los defensores, y el juego continúa.

***Consejo**: cuando se trabaja con niños, es fundamental mantener el objetivo del ejercicio en primer plano. Los niños cometerán errores con la estructura de un ejercicio, pero eso no importa mientras se está practicando la habilidad clave.*

Pases a media distancia - Dentro y fuera del pie

Parte interior del pie

Algunos jugadores jóvenes parecen estar dotados de una gran capacidad de pase. No sólo "ven" el pase, sino que también tienen la técnica innata para entregar el balón. Sin embargo, para la mayoría de ellos, la habilidad de pase necesita ser trabajada.

Los entrenadores deben centrarse en la técnica. Los siguientes son elementos clave para dar un pase de media distancia, uno de más de 10 a 15 metros.

- Cabeza arriba: si los jugadores tienen la cabeza abajo, no pueden ver el pase que quieren hacer.
- Posición del cuerpo: Para el pase, los brazos deben estar fuera para mantener el equilibrio y el pie que no patea debe estar firmemente plantado. La cabeza está por encima del balón y de cara a la dirección del pase.
- Golpea el balón con firmeza con el empeine y sigue con suavidad.
- El balón se curvará ligeramente hacia el interior cuando pierda velocidad, y debe tenerse en cuenta en la dirección del pase.

Consejo: Desde la edad más temprana, anima a los jugadores a levantar la cabeza y mirar a su alrededor. Una de las (muchas) *razones por las que los jugadores jóvenes son reacios a pasar es que concentran sus ojos en el balón, en lugar de en el juego que les rodea. Cuando se entrega el balón a ellos, deberían estar evaluando su próximo movimiento.*

Fuera del pie

Se trata de un gran pase para llevar el balón desde una posición central a una zona de ataque amplia del campo. Es un pase más arriesgado que la entrega con el interior del pie, pero debería formar parte del arsenal de todo jugador.

Un pase con el exterior del pie aplica más giro y, por tanto, es ideal para poner el balón en el espacio detrás de una defensa estrecha.

- El proceso es el mismo que el del pase con el empeine, hasta llegar a golpear el balón.
- La pelota se golpea con la parte exterior del pie, con un contacto justo por detrás de la punta del pie. De este modo se consigue un efecto de rotación, que entra en juego cuando la pelota se ralentiza.
- El pie que patea continúa en línea recta, mientras que el balón se dirige en ángulo. El pase debe dirigirse en línea recta si va a desviarse hacia fuera para un jugador en carrera.

- Por lo general, un pase con el exterior del pie debe ser golpeado con más fuerza que uno golpeado con el interior. Esto se debe a que hay menos contacto directo entre el pie y el balón.

Un buen calentamiento es poner a dos o tres jugadores de pie alrededor de 10 - 20 metros de distancia, dependiendo de la edad de los niños. Practican el golpeo del balón con el interior y el exterior del pie, para que aprendan el ritmo y la dirección, y también practican el control del balón. Mantén este tipo de calentamiento relajado pero activo. Anima a los jugadores a pasar con su pie más débil y con el más fuerte. Un pase con dos pies es mucho más eficaz y versátil que el que se apoya excesivamente en un pie o en otro.

Ejercicio de pase: El pase por detrás - Dentro y fuera del pie

Este es un ejercicio bastante complejo. Sin embargo, es bueno por muchas razones. Proporciona oportunidades para pasar con el interior y el exterior del pie. Es de ritmo rápido. Termina con un tiro, por lo que es uno de los que los niños disfrutan.

En este ejercicio participan dos jugadores y un portero, pero funciona mejor con un segundo portero y entre 8 y 12 jugadores. Éstos se alinean como pasadores y extremos, y trabajan por parejas. Los porteros se intercambian después de cada ejercicio, devolviendo el balón para que la pareja que espera tenga siempre un balón listo para usar.

Lo ideal es un terreno de juego de siete metros por lado. Cuatro conos repartidos a lo ancho del área y unos 5 metros por delante representan una línea defensiva. El jugador uno regatea desde la línea de medio campo hasta el borde del círculo central. El entrenador hace que se concentre en mantener la cabeza alta. Pasan entre el cono del defensa central y el cono del lateral. Los pases deben hacerse tanto con el interior como con el exterior del pie. El jugador dos ha esprintado por fuera del cono del defensa central y corre hacia el pase. El jugador uno continúa su carrera hasta el borde del área. El jugador dos da un pase con el interior del pie, y el jugador uno corre para disparar a la primera, o tras un toque.

Los jugadores regresan a las posiciones de partida listos para empezar de nuevo, pero esta vez el jugador dos empezará con el balón, y el jugador uno hace la carrera por la banda.

Después de un tiempo, ataca la banda contraria para que los jugadores se acostumbren a usar los dos pies.

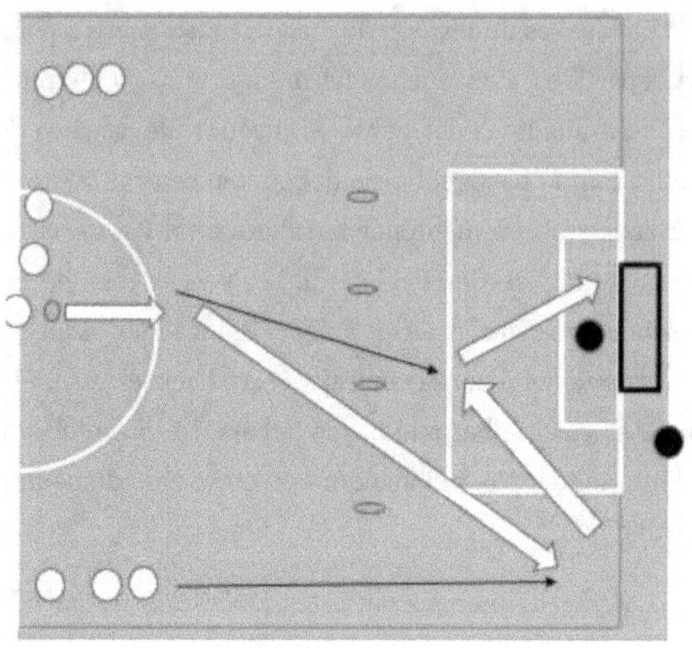

Pase largo y elevado

El fútbol es un deporte que se juega mejor en el suelo. El objetivo es marcar un gol; eso no sucede sin la posesión del balón, y la pelota se mantiene mejor cuando está en el suelo. Una vez que el balón sale del suelo, la precisión se ve comprometida, ya que el pase debe ser, por definición, largo y eso hace que la precisión sea más difícil de conseguir. Si el pase es preciso, controlarlo es más difícil que si el balón se recibe en el suelo.

Sin embargo, el pase largo tiene su lugar. Ofrece variedad y puede mover el balón rápidamente a largas distancias. Excluyendo los centros, que son una herramienta ofensiva específica, hay dos usos principales del balón largo.

El primero es el balón por la banda. A menudo jugado por los laterales, el balón es jugado para ser controlado en el pecho del delantero, o golpeado en el espacio detrás del lateral contrario para que un extremo corra hacia él. Esto permite una transición muy rápida del juego, y es durante la transición cuando se abren más espacios.

El otro pase es el de campo cruzado, cuyo objetivo es cambiar el juego, arrastrando a la defensa a través del campo y creando espacios para que los delanteros los aprovechen. Por lo general, este tipo de pase se realiza directamente al jugador exterior.

Una pequeña nota. A veces, los medios centros intentan pasar el balón hacia delante. Pero éste es un pase de valor limitado. Como la entrega es recta y central, hay un margen de error mínimo. Los defensores pueden interceptarlo fácilmente o, si el pase carece de precisión, el balón simplemente pasa al portero y se pierde la posesión.

La técnica para el pase largo es la siguiente.

- Coloca la pelota a 45 grados del cuerpo.
- Brazos fuera para el equilibrio.
- Golpea el balón con los dedos de los pies, bajando para que el pie pase ligeramente por debajo del balón.
- Inclínate ligeramente hacia atrás, manteniendo la cabeza quieta.

- Golpea el balón y continúa el arco del pie.
- Reequilibra llevando el brazo contrario en dirección opuesta del pie que patea en forma de tijera.
- El balón se curvará con la dirección del pie.

Ejercicio de pase - Juego de pase largo

Aunque este ejercicio es complicado, y los niños pueden necesitar algunos intentos para captar la idea, una vez que lo entienden es estupendo para desarrollar la precisión con el pase largo. También fomenta la comunicación, el juego en equipo y las habilidades de tiro. Además, es muy divertido. Funciona bien con los menores de 10 años en adelante.

El ejercicio consiste en un medio campo de siete lados, con una portería en cada extremo. El campo se divide en tres zonas. En cada extremo, la zona tiene la mitad del tamaño de la zona central (aproximadamente 10 metros, 20 metros y 10 metros). Se necesitan muchos balones.

El ejercicio es de seis por lado, un portero, un defensa, un delantero y tres centrocampistas.

Defensores: Juegan el pase largo, perdiendo el centro del campo. Defienden su zona del campo.

Delanteros: Intentan marcar o asistir a un compañero de equipo.

Centrocampistas: La posición más compleja. Deben trabajar juntos para proporcionar apoyo en condiciones restringidas. Cuando el balón está en posesión en su zona defensiva, un centrocampista irá a esta zona para respaldar al defensor y al portero. Pueden jugar el balón largo hacia la zona de ataque.

Cuando el balón se juega en la zona de ataque, un centrocampista puede unirse a él para apoyar a su delantero. El centrocampista puede marcar goles, o poner en marcha al atacante. Si el balón va al portero o el defensor gana la posesión, el centrocampista debe retirarse de la zona de ataque.

Si el balón entra en la zona del centro del campo, los jugadores pueden pasar a cualquiera de las dos zonas o disparar.

Cuando el balón está en posesión de sus adversarios, ya sea en la zona de ataque o en la de defensa, NO DEBEN entrar en ella, y si están en ella, DEBEN ABANDONARLA inmediatamente. Por lo tanto, la comunicación es necesaria para determinar cuál es el centrocampista mejor situado para realizar el trabajo correspondiente.

El juego se desarrolla. Cada vez que el balón sale del juego, el entrenador devuelve uno nuevo al equipo correspondiente en la zona correspondiente. Así, un tiro que sale fuera del campo da lugar a que se entregue un nuevo balón al portero para reanudar. Un córner hace que el balón se entregue al delantero/mediocampista de la zona de ataque. Los jugadores deben intercambiar sus posiciones con regularidad.

Ten paciencia con el ejercicio. Los niños tardan un poco en captar la idea, pero una vez que lo hacen es un ejercicio que puede utilizarse regularmente para desarrollar los pases de balón largos.

***Consejo**: En este tipo de ejercicios, los jugadores jóvenes suelen buscar un plan previo. Por ejemplo, el centrocampista dominante dejará claro que es el que apoyará el ataque. No lo permitas. Los jugadores deben aprender a reaccionar a la situación que se les presenta, con movimientos realizados por los jugadores en las mejores posiciones.*

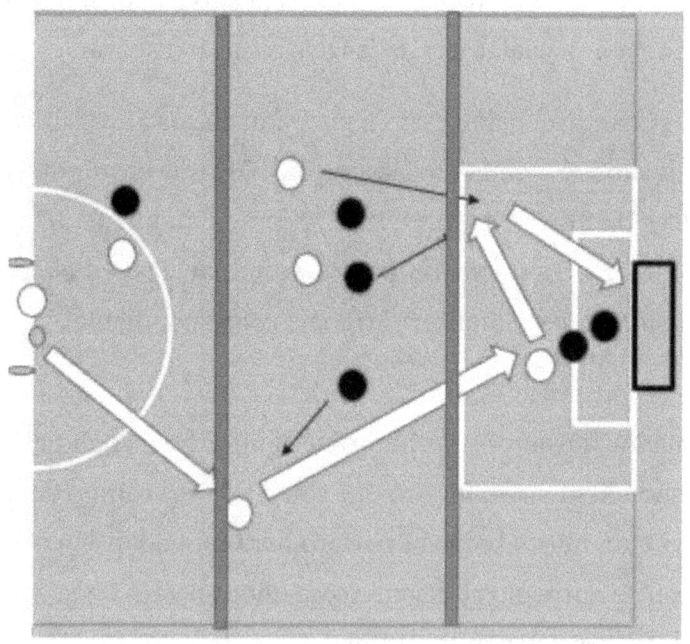

Uso de conos para mejorar el pase

Un elemento clave para entrenar a los jugadores jóvenes es mantenerlos ocupados. Una buena forma de calentar es preparar un "circuito de pases". Se trata de conos para fomentar la precisión de los pases. Se pueden practicar pases cortos, largos y de media distancia, utilizando los conos para crear ángulos. Haz que los jugadores trabajen de dos en dos o de tres en tres, y haz que se muevan por el campo cada minuto aproximadamente.

Si el personal lo permite, el entrenador puede organizar un curso mientras otro trabaja en una habilidad diferente. Como cualquiera de los que hemos trabajado con equipos juveniles, mantener el ritmo en la sesión es vital para mantener el interés y el disfrute de los jugadores más jóvenes.

Habilidades ofensivas

Si George Best fuera de una nación futbolística importante, se le mencionaría al mismo nivel que Pelé, Maradona o Messi. Tal vez lo sea. Compartía muchos de sus talentos: su magnífica capacidad de regate, su pequeña estatura (aunque con 1,70 metros de altura casi alcanzaba la estatura media, aunque su delgado cuerpo le hacía parecer mucho más pequeño). El otro atributo vital que Best compartía con esos grandes era un ojo mortal para el gol.

El norirlandés marcó una vez nada menos que seis goles en un solo partido. Fue contra el Northampton Town en el torneo de la Copa de la FA, y el notable acontecimiento tuvo lugar en 1970. Ciertamente, había una gran diferencia de categoría y de posición en la liga entre los equipos, pero aun así fue una actuación extraordinaria. La asombrosa exhibición fue aún más digna de mención si se tiene en cuenta que el partido tuvo lugar en unas condiciones en las que el césped tenía más en común con un corral que con un campo de fútbol. Los aficionados de ambos bandos que se encontraban sentados y de pie en el infame terreno de juego de Northampton, de dos lados y medio, recibieron un regalo memorable. Eso se sumó a la experiencia única de ver un partido de primer nivel en el único estadio profesional al que le faltaba la mitad de sus gradas en Gran Bretaña y posiblemente en el mundo (literalmente, no había nada).

Es un hecho poco conocido fuera de la ciudad zapatera que el estadio relativamente nuevo del Northampton Town también carece de un lateral. Esta vez no es el cricket la razón por la que retiraron un lateral, como ocurría en los años 70, sino alguna incorrección financiera. Uno de los lados del estadio Sixfields de Northampton recibió el permiso para ser adornado con una nueva tribuna de dos niveles, pero se dejó de lado como un bebé desdentado, ya que el dinero se agotó antes de que se pudiera completar la estructura. Esto sí que es una trivia futbolística útil para una charla después del partido en el bar.

Pero volvamos a Best. Lamentablemente, todo le salió mal cuando su estatus de superestrella implosionó en mujeres y alcohol. Pero la fama de Best estaba garantizada. La mayoría de los lectores habrán oído hablar del difícil delantero, muchos conocerán bien sus hazañas. Así que aquí va otra pregunta. Brasil ganó la Copa del Mundo en 1970. ¿Quién componía su defensa? Es una pregunta capciosa, ¿eh?

Porque, aunque algunos consideran que el equipo de Brasil de 1970 es el mejor equipo internacional de la historia, conocemos al delantero de Irlanda del Norte, pero no a la defensa de este increíble grupo de ganadores de la Copa del Mundo.

Nota útil: *En realidad, era Carlos Alberta, capitán y lateral derecho, Piazza y Brito en el centro y en el lateral izquierdo estaba Everaldo.*

Por eso no es de extrañar que todos los niños quieran ser delanteros, centro-delanteros, números 10 o extremos. Quizá haya algún niño de siete años que se vea como centrocampista o jugador defensivo, pero son pocos.

Sin embargo, en el fútbol moderno todo el mundo puede ser un jugador ofensivo. La vieja noción del fútbol escolar de que los laterales no cruzan la línea de medio campo está, afortunadamente, muerta y enterrada. Ya no son los únicos requisitos de un central ser grande y tener la capacidad de patear el balón a media cancha. Hoy en día, el ataque comienza con el portero, y se desarrolla a partir de ahí.

Encontrar el espacio

Las lecciones aprendidas cuando somos jóvenes nos acompañan toda la vida. Encontrar espacios a nivel infantil no es tan difícil. Siempre y cuando, por supuesto, los jóvenes hayan aprendido a pasar el balón. Los partidos en campo reducido están diseñados para que los jugadores tengan tiempo y espacio cuando están en posesión del balón. Al fin y al cabo, las habilidades no se van a desarrollar si los jugadores se cierran en cuanto el balón llega a sus pies.

Esto no significa que no haya que enseñar la habilidad de encontrar el espacio. Podríamos dividir este aspecto del fútbol en cinco etapas.

Número uno - Reconocer el espacio: Se trata de conseguir que los jugadores tengan la cabeza alta. Los jóvenes tienden a centrarse en el balón, pero tenemos que animarles a ver el panorama general (un punto al que volvemos una y otra vez cuando entrenamos a los niños). Hay un antiguo proverbio chino que podemos aplicar a la enseñanza de la habilidad de reconocer el espacio; de hecho, el proverbio proporciona una buena máxima para el aprendizaje de cualquier tipo. Dice así:

Oigo... y me olvido

Veo... y recuerdo

Hago... y entiendo.

En otras palabras, decirles a nuestros jóvenes jugadores que busquen un espacio, o que se trasladen a un lugar determinado, tiene poco valor. Puede que lo hagan, y puede que les aporte algún beneficio inmediato. Pero cinco minutos después el entrenador estará diciendo lo mismo. Colocar a los jugadores de manera que puedan ver los espacios es mejor, los jugadores tendrán una idea de dónde ir, pero no por qué. Por lo tanto, les costará reaccionar ante nuevas situaciones. Pero conseguir que descubran su propio espacio es lo mejor de todo.

Podemos hacerlo mediante la repetición. Recuerda que los niños necesitan estar activos. Aprenden cuando "hacen" (¿no hemos visto ya esa idea en alguna parte?). Así que estas habilidades se adquieren mejor a través de la situación de juego. Puede ser el "partido" de final de sesión que tanto les gusta a los niños. Puede ser una sesión de rondo preparada específicamente con un enfoque en la búsqueda de espacio. El entrenador debe ser activo a la hora de plantear preguntas a los niños. "¿Qué deberían hacer nuestros ojos?" "¿Qué hacemos con la cabeza?" "¿Dónde nos movemos?" "¿Por qué te has movido ahí? Estas preguntas están respaldadas por muchos elogios. Pronto, nuestros jóvenes encontrarán el espacio como algo natural. Cuando pasen a jugar al fútbol 11, esta habilidad les será muy útil.

Carreras en dos etapas: Más adelante en este capítulo veremos cómo hacer carreras de manera más específica. Sin embargo, una buena defensa y un buen centrocampista limitarán el espacio. Los jugadores pueden crearlo corriendo en dos etapas. En primer lugar, fijan en su cabeza dónde quieren que esté el espacio, y luego se alejan de esa zona. Así se llevan a un defensa con ellos, creando el espacio en la zona que desean. A continuación, vuelven a correr hacia el espacio que han creado. Este movimiento se denomina a veces zig-zag.

Tiempo: ¿Cuántas veces escuchamos al comentarista de televisión decir: "Ha cronometrado tu carrera a la perfección"?. Pero alcanzar un nivel tan alto de perfección requiere práctica. Y el trabajo en equipo. Los jugadores tienen que jugar juntos para que empiecen a entender cuándo es probable que se dé un pase, y cuándo le gusta a un compañero hacer su carrera. El gran maestro holandés Dennis Bergkamp era un genio en esto. Busca en YouTube algunos clips de sus asistencias. Sí, podía jugar el balón cruzado perfecto de 40 yardas, pero su verdadera habilidad era el pase de diez yardas, entregado con el peso perfecto, para que coincidiera con el sprint de su compañero de ataque.

Los partidos de poca envergadura son los mejores para desarrollar la sincronización, ya que los jugadores tocan mucho el balón.

Dónde correr - Girar a la defensa: A los defensores les gusta poder ver tanto el balón como la amenaza de su rival. Por lo tanto, si un delantero juega "en el hombro" de su marcador, es decir, con el defensor entre el balón y él, entonces ese defensor tiene que tratar de mirar en dos lugares al mismo tiempo. El delantero tiene entonces medio segundo de ventaja al hacer su carrera. Veremos esto con un poco más de detalle más adelante en el capítulo.

Fluidez: Un aspecto crucial del juego. Y también uno que es muy difícil de aprender para los jóvenes. Como adultos, sabemos que marcar un gol suele ser obra de un gran juego de equipo. Que la persona que marca lo ha hecho bien, pero el espacio para ese jugador ha sido creado por otros que no reciben los mismos niveles de gloria. A los niños les resulta difícil entender ese concepto. Si se elogian constantemente los movimientos que crean espacio para los demás, los equipos jóvenes desarrollarán una mejor coordinación en su juego de equipo, y se convertirán en una unidad adecuada en lugar de un grupo de individuos.

No deberíamos abogar por ejercicios específicos para encontrar espacio. Crear un escenario de este tipo es extremadamente artificial. En su lugar, sugerimos que se trate de una habilidad que se refuerce constantemente a través de otros ejercicios y, sobre todo, de situaciones de partido, condicionadas o reales. Los entrenadores deben estar preparados para hacer sonar el silbato y detener el proceso. Esto les da la oportunidad de señalar el buen juego. También deben estar preparados para hablar con los individuos mientras el juego continúa para señalar las formas en que podrían encontrar el espacio de manera más eficaz.

Sabemos, por nuestra comprensión del desarrollo infantil, que la conciencia espacial es una condición que se desarrolla con el tiempo. No podemos cambiar eso, pero lo que sí podemos hacer es maximizar el potencial que tiene un niño para reconocer el espacio en el campo. De este modo, cuando lleguen a la edad en la que pueden ver el panorama general de un partido de fútbol, tendrán las habilidades y los conocimientos necesarios para crear y utilizar el espacio.

Fuera de juego

Es una pesadilla. Ese superdelantero que no podía dejar de marcar en la categoría sub 11, de repente no puede dar un toque en la sub 12. Y lo que es peor, cada vez que tu equipo ataca, se encuentra en fuera de juego y pierde la posesión. Es un escenario aterradoramente común. Y no es totalmente culpa del joven delantero, sino de la falta de estructura del club en todas las categorías de edad.

Este fallo se debe a menudo a la mentalidad de "ganar a toda costa", que antepone el beneficio a corto plazo al desarrollo a largo plazo, y que se vuelve contra él cuando cambia la estructura del juego.

Por esta razón, abogamos por jugar como si el fuera de juego fuera una regla desde una edad mucho más temprana que la de los menores de 12 años. Tal vez incluso a partir de los 10 años. Puede que le cueste al equipo algún que otro gol en los partidos. Sin embargo, hará que la transición, al momento en que el fuera de juego se convierta en una norma, sea mucho más fácil de lograr. (En cualquier caso, dejar a un delantero sin marcar o "colgar el gol", como solíamos llamarlo, no es una gran táctica en la mayoría de las circunstancias. El "colgador de goles" se convierte en un elemento periférico del partido que deja al equipo corto de efectivos en el centro del campo. Dejar a un delantero arriba y solo también promueve el juego del balón largo, ya que el equipo buscará sacar el balón adelante antes de que la defensa pueda reorganizarse).

La norma del fuera de juego explicada: Disculpen si esto parece un pequeño desperdicio de espacio, pero creemos que vale la pena señalar los principios del fuera de juego.

La norma 11 es la más compleja del fútbol. Sólo hay que ver a los expertos discutir sobre si fulano estaba en fuera de juego cuando el balón entró en la red, si estaba interfiriendo en el juego mientras su compañero marcaba. Si tu trabajo principal es el de árbitro o juez de línea (¡lo siento, árbitro asistente!), salta esta breve sección. Pero es útil recordar los entresijos de la normativa. Si no lo comprendemos del todo nosotros mismos, ¿cómo vamos a enseñárselo a nuestro joven equipo?

Aquí citamos el sitio web de la Asociación de Fútbol, www.thefa.com. Las observaciones e ilustraciones están en letra no cursiva.

Posición de fuera de juego

No es una infracción estar en posición de fuera de juego. (Hoy en día, los equipos suelen colocar a sus jugadores en posición de fuera de juego. Esto causa problemas a la defensa, ya que debe decidir si retroceder para marcar al jugador, haciendo que haya más espacio para otros oponentes, o dejar al jugador y arriesgarse a que esté en una posición fuerte un par de pases más adelante. A pesar del riesgo, esta última opción es la más popular).

Un jugador está en posición de fuera de juego si:

- *Cualquier parte de la cabeza, el cuerpo o los pies está en la mitad del adversario (excluyendo la línea de mitad de campo).*
- *Cualquier parte de la cabeza, del cuerpo o de los pies está más cerca de la línea de meta del adversario que el balón y el penúltimo adversario*
- *Las manos y los brazos de todos los jugadores, incluidos los porteros, no son considerados.*

Un jugador no está en posición de fuera de juego si está a la altura del:

- *Penúltimo oponente*
- *Los dos últimos rivales*

(Nota: aunque esto casi siempre incluye al portero, no tiene por qué hacerlo. Así, el hecho de que un defensa esté más cerca de la línea que el atacante no le excluye de estar en fuera de juego si el portero está más arriba en el campo).

Infracción de fuera de juego

Un jugador que se encuentra en posición de fuera de juego en el momento en que el balón es jugado o tocado* por un compañero de equipo sólo será sancionado al verse involucrado en el juego activo por:

Interferir en el juego jugando o tocando un balón pasado o tocado por un compañero de equipo

Interferir con un oponente por:

- *Impedir que un adversario juegue o pueda jugar el balón obstruyendo claramente la línea de visión del adversario*
- *Desafiar a un oponente por el balón*
- *Intentar claramente jugar un balón que está cerca cuando esta acción impacta en un oponente*
- *Realizar una acción evidente que repercuta claramente en la capacidad de un oponente para jugar el balón*

*Se debe utilizar el primer punto de contacto de la "jugada" o "toque" del balón

Obtener una ventaja jugando el balón o interfiriendo con un oponente cuando la pelota ha:

- *Rebotado o ha sido desviada por el poste de la portería, el travesaño o un adversario* (Nótese la palabra "desviado" aquí. El simple hecho de que el balón rebote no pone a un jugador en juego).
- *Ha sido salvada deliberadamente por cualquier oponente*

Un jugador en posición de fuera de juego que recibe el balón de un adversario que lo juega deliberadamente (excepto si se trata de una parada deliberada de cualquier oponente) no se considera que haya obtenido una ventaja.

(Observa que el adversario que juega el balón debe hacerlo deliberadamente, y no en el proceso de hacer un "bloqueo" o una parada. Esto es a menudo motivo de controversia, ya que el árbitro debe juzgar si cuando un defensor juega el balón está intentando un despeje o un pase).

Una "parada" es cuando un jugador detiene, o intenta detener, un balón que se dirige a la portería o está muy cerca de ella con cualquier parte del cuerpo, excepto las manos o los brazos (a menos que el guardameta esté dentro del área penal).

En situaciones en las que:

- *Un jugador que se desplaza desde una posición de fuera de juego, o que se encuentra en ella, se interpone en el camino de un adversario e interfiere en el movimiento de éste hacia el balón es una infracción de fuera de juego si afecta a la capacidad del adversario para jugar o disputar el balón; si el jugador se interpone en el camino de un adversario e impide su avance (por ejemplo, bloquea al adversario), la infracción se sancionará conforme a la Norma 12.*

- *Un jugador en posición de fuera de juego se dirige hacia el balón con la intención de jugarlo y recibe una falta antes de jugarlo o intentarlo, o si desafía a un adversario por el balón, la falta se sanciona por haber ocurrido antes de la infracción de fuera de juego*
- *Se comete una infracción contra un jugador en posición de fuera de juego que ya está jugando o intentando jugar el balón, o si desafía a un oponente por el balón, la infracción de fuera de juego se sanciona ya que se ha producido antes de la impugnación de la falta*

No es falta

No hay infracción de fuera de juego si un jugador recibe el balón directamente de:

- *Un saque de meta*
- *Un saque de banda*
- *Un tiro de esquina*

Infracciones y sanciones

Si se produce una infracción de fuera de juego, el árbitro concederá un tiro libre indirecto en el lugar donde se produjo la infracción, incluso si se encuentra en la propia mitad del terreno de juego.

Se considerará que un jugador defensor que abandona el terreno de juego sin el permiso del árbitro está en la línea de meta o de banda a efectos de fuera de juego hasta la siguiente interrupción del juego o hasta que el equipo defensor haya jugado el balón hacia la línea media y esté fuera de su área penal. Si el jugador abandonó deliberadamente el terreno de juego, deberá ser amonestado en la siguiente interrupción del juego. (Esto es complicado, ya que, si un jugador se lesiona y rueda justo fuera del terreno de juego en la línea de meta, está jugando en el otro lado del campo. Sin embargo, desde el punto de vista de la deportividad, marcar un gol en esa situación lleva los límites del juego limpio al límite).

Un jugador atacante podrá salir o permanecer fuera del terreno de juego y no participar en el juego activo. Si el jugador reingresa desde la línea de meta y se involucra en el juego antes de la siguiente interrupción del juego, o si el equipo defensor ha jugado el balón hacia la línea media y está fuera de su área penal, se considerará que el jugador está situado en la línea de meta a efectos de fuera de juego. Un jugador que abandona deliberadamente el terreno de juego y vuelve a entrar sin el permiso del árbitro y no es sancionado por fuera de juego y obtiene una ventaja, deberá ser amonestado.

Si un jugador atacante permanece inmóvil entre los postes y dentro de la portería cuando el balón entra en ella, se concederá un gol, a menos que el jugador cometa una infracción de fuera de juego o de la

Norma 12, en cuyo caso el juego se reanudará con un tiro libre indirecto o directo.

Nota útil: *La norma 12 se refiere a las faltas y a la mala conducta. Es decir, las infracciones que dan lugar a tiros libres, directos o indirectos, y a tiros penales.*

La buena noticia (probablemente) es, por supuesto, que en el nivel de los escolares o de las niñas, rara vez se aplican estos entresijos. Esa es una de las razones por las que nunca abogaríamos por configurar un equipo juvenil para que juegue en fuera de juego. No sólo pone la táctica por encima del desarrollo de habilidades, lo que nunca debería ser el caso, sino que rara vez funciona.

El secreto para evitar caer en fuera de juego radica en la sincronización de las carreras, cuyas ideas aparecen al final de este capítulo. La sincronización de las carreras es una habilidad, tanto si el fuera de juego está en vigor como si no. Esta es otra razón por la que jugar como si la regla estuviera en vigor es sabio en cualquier grupo de edad que entrenemos.

Juego amplio

Un campo de fútbol es relativamente ancho. La posición más ventajosa para estar en el espacio es en el centro del campo, ya que la mayoría de las opciones están disponibles desde aquí. Sin embargo, esa es la zona con mayor densidad de población. Los buenos equipos utilizan la anchura, porque ahí es donde está el espacio y se crea más fácilmente.

La transición es el cambio de posesión de un equipo a otro. Los buenos equipos tratan de mantenerse estrechos, restringiendo el espacio, cuando no tienen la posesión, y envían a los jugadores a lo ancho cuando la recuperan, explotando el espacio.

Ejercicio ofensivo: Crear amplitud

Este es un ejercicio práctico porque, aunque condicionado, recrea la fase de transición de un partido. El ejercicio requiere medio campo. Hay tres defensas, un portero (que comienza el ejercicio en posición) y cinco atacantes. Por lo tanto, se trata de un ejercicio rondo en el que el equipo atacante debe tener éxito en su objetivo de conseguir un tiro a puerta. El balón comienza en el punto central. Hay banderas o conos que marcan la línea media y los puntos de esquina.

Los defensores comienzan donde la línea de medio campo se encuentra con la línea de banda. Los atacantes junto al banderín de esquina opuesto. El ejercicio comienza con los jugadores corriendo a lo largo de la línea de banda, alrededor de un banderín y en posición.

Por lo tanto, al igual que en la transición, los jugadores tienen que esforzarse para situarse en las posiciones defensivas u ofensivas correctas. El equipo ofensivo utiliza sus dos jugadores de reserva para crear amplitud en ambos lados del campo. El objetivo del equipo es hacer llegar el balón al espacio para permitir un centro que les dé una oportunidad de gol.

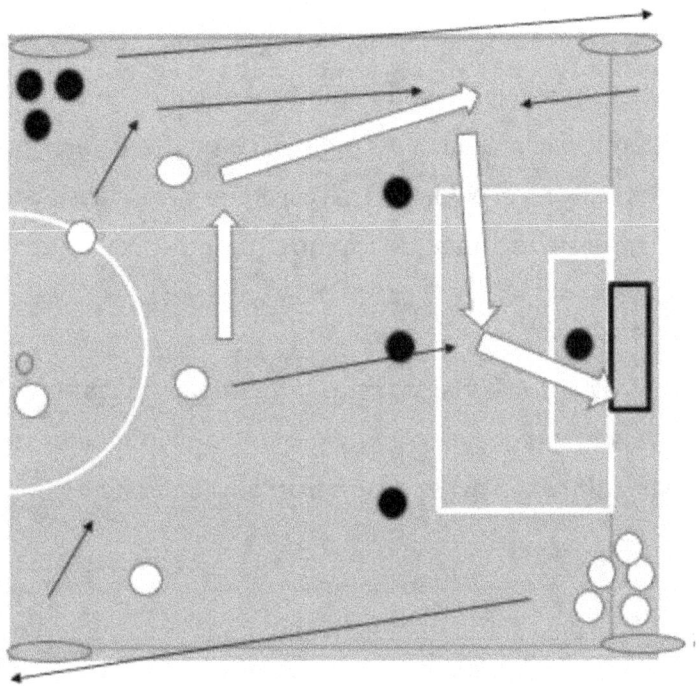

Nota: Para este ejercicio hemos duplicado los jugadores, mostrando tanto sus posiciones iniciales como las posiciones que pueden adoptar cuando el balón llega al jugador. Así, por ejemplo, el grupo de blancos son los mismos jugadores que el grupo disperso cerca de la línea de medio campo.

Regateo

Es una habilidad ofensiva emocionante. Los entrenadores deben animar a los jugadores a utilizar ambos pies. Deben demostrar y permitir que los jugadores practiquen habilidades individuales de regate, como el paso por encima, o la caída del hombro. Al correr con el balón (es decir, cuando hay espacio delante del jugador) los entrenadores buscan que los jugadores muevan el balón con los cordones y lo golpeen delante de ellos para permitir un movimiento rápido sin romper la zancada.

***Consejo**: Fomenta estas habilidades, premiando siempre el esfuerzo aunque no salga. Sólo si se divierten, los jugadores experimentarán, y así se desafiarán adecuadamente para mejorar.*

El regate es una gran actividad de calentamiento, y el siguiente ejercicio se puede utilizar y adaptar en cada sesión, ya que es sencillo de utilizar, implica a todos los jugadores (incluso un portero necesita un buen juego de pies en el juego moderno), es rápido y necesita poco entrenamiento directo.

Ejercicio ofensivo: Calentamiento del regate.

Se necesita la mitad de la longitud del campo. Los jugadores comienzan en un extremo. Se colocan una serie de conos cerca unos de otros para que los jugadores puedan regatear de cerca. Hay un espacio a mitad de camino para que los jugadores prueben su habilidad individual. Al final, deberán girar alrededor del cono más grande y correr con el balón a velocidad hasta el marcador final, cuando se hace un pase al siguiente jugador disponible. Continúa hasta el final de la línea.

Colocando un cono de otro color en el punto adecuado, el siguiente jugador sabrá cuándo debe salir. Mantén el ejercicio en movimiento, puede haber al menos cuatro jugadores trabajando a la vez.

Disparo

La velocidad y la precisión con la que un jugador pueda disparar determinarán el éxito de un equipo. Por lo tanto, el tiro debe ser una habilidad que se practique con regularidad. Nunca hay que desanimarse a disparar, aunque el tiro sea erróneo. Hay un viejo dicho que es muy cierto, este dice: "No puedes marcar si no disparas". Y los jugadores no dispararán si están preocupados por las consecuencias de fallar.

Los elementos clave de un buen disparo son los siguientes:

- Coloca la pelota a unos 45 grados del cuerpo.
- Extiende los brazos para mantener el equilibrio y planta el pie que no patea de forma segura junto al balón.
- Mantén la cabeza sobre el balón para mantener el tiro abajo.
- Golpea con los cordones el balón.
- Sigue ligeramente.
- Apunta a la esquina más lejana de la portería. Intenta que el tiro sea bajo, lo que es más difícil para el portero.

Hay muchos ejercicios de tiro. A nosotros nos gusta el de abajo porque implica movimiento, y se puede desarrollar con la adición de un defensor.

Ejercicio ofensivo: Pasar y tirar

Participan un portero y tres delanteros, y otros esperan a unirse. Se colocan dos conos en línea con la esquina del área penal, y a unos 5 metros de ella. Los jugadores dos y tres se colocan en estos postes.

El jugador uno comienza en el borde del círculo central. Pasa con firmeza y a lo largo del suelo a cualquier otro jugador, y sigue corriendo. El jugador que recibe el balón prepara un tiro para el delantero, o pasa a su otro compañero, que a su vez prepara el tiro.

El delantero calcula su carrera para disparar al primer o segundo toque.

Los jugadores rotan para asegurarse de que todos tienen tiempo para trabajar la habilidad clave que se practica aquí.

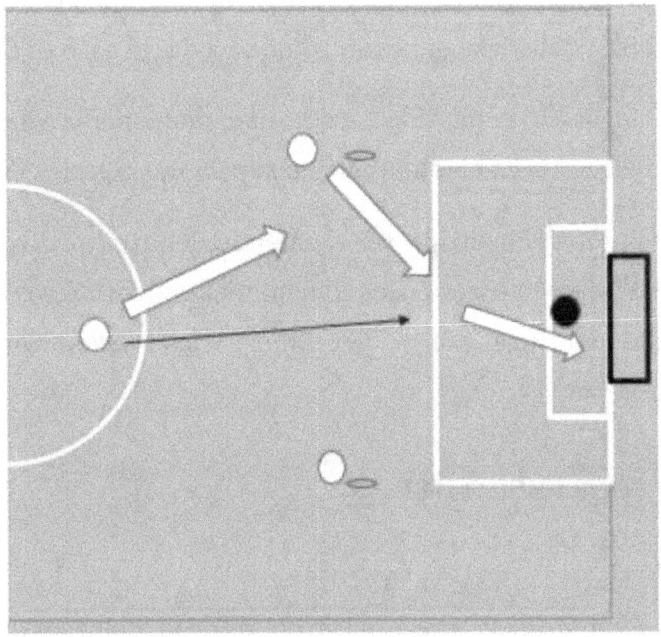

Carreras sincronizadas

Por fin hemos llegado. Al igual que un delantero que llega al final de un centro, o un centrocampista que llega tarde al espacio, hemos llegado a la habilidad más importante de este capítulo. Hemos insistido constantemente en la importancia de la sincronización de las carreras. Si enseñamos este atributo a jóvenes, lo tendrán a sus pies (literalmente hablando) durante toda su vida de jugador.

Una carrera bien sincronizada hace que el jugador llegue al espacio al mismo tiempo que el balón. Implica un buen entendimiento entre los compañeros de equipo; deben saber dónde y cuándo va a correr el jugador, y éste debe entender cómo va a dar el pase su compañero.

Jugar con regularidad ayuda, pero mantener la cabeza alta es aún más importante. La comunicación con palabras o gestos es clave.

Por muy bueno que sea el entendimiento entre dos jugadores, no es, como les gusta sugerir a los comentaristas hiperbólicos, telepático. Es el resultado de jugar juntos, detectar espacios y comunicarse bien.

En el punto ciego

El punto ciego es el espacio detrás de un defensor que no se capta en su visión periférica. Cuando los delanteros operan en el punto ciego, pueden ganar un valioso segundo para encontrar el espacio o sacar un disparo.

Ejercicio ofensivo: En el punto ciego.

Este es un ejercicio rondo, con cuatro contra dos más un portero. Un jugador da el pase. En esta versión, hay dos jugadores centrales que están marcados, más el cuarto jugador que se queda a lo ancho. Los delanteros se mueven hacia el balón, dejando a su defensor al lado de la portería.

Doblan y corren por detrás del defensor, y el balón se pasa por dentro del defensor, ya sea al jugador de banda o al delantero que ha hecho su carrera. El delantero utiliza el espacio que ha creado para disparar. Otros jugadores apoyan para dar opciones o recoger rebotes.

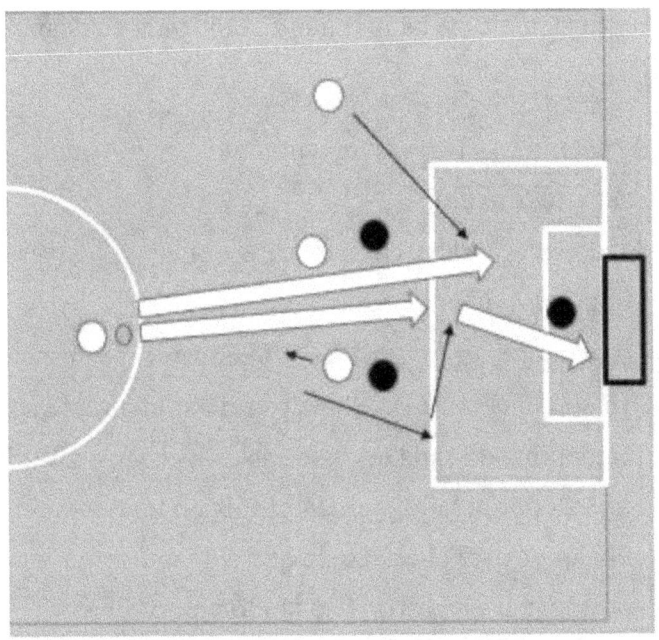

Doblar una carrera para evitar el fuera de juego

Con todos los niños, excepto los más jóvenes, que practican este deporte, el concepto de doblar la carrera se utilizará más eficazmente si se entiende el trasfondo.

Ciertamente, es una habilidad esencial para un delantero si se juega en fuera de juego. Incluso cuando no es así, aprender la habilidad a tiempo no es malo. Principalmente, la jugada consigue los siguientes beneficios:

- El delantero ya está en movimiento y, por lo tanto, puede acelerar más eficazmente.
- El delantero sabe cuándo va a doblar su carrera, y eso le da ventaja sobre un defensor.
- La defensa se voltea. Los defensores prefieren defender de espaldas a la portería, sin correr hacia su propia zona de peligro.
- Hacer una entrada por detrás es mucho más difícil que una entrada por el lado, o una entrada en bloque. Incluso si se gana el balón, existe el riesgo de que el defensor pase por encima del atacante para lograrlo, regalando un tiro libre.
- Una entrada inoportuna por detrás puede suponer a menudo una tarjeta roja si se detiene a un delantero que está fuera de juego. Esto no suele aplicarse en el fútbol juvenil.
- Girar un defensa hace que pierda su forma, creando más espacio para otros jugadores.

- Por último, cuando el delantero dobla su carrera con éxito y el pase en profundidad es preciso, a menudo se crea una oportunidad de gol.

Sin embargo, es necesario un buen entendimiento entre el delantero y el creador de juego. Esa relación se desarrolla en los entrenamientos y a través de juegos en equipo. Sin embargo, el delantero exitoso aprende cuándo es un buen momento y cuándo no para intentar una carrera.

Cuando el centrocampista que tiene la posesión del balón está muy presionado, es mucho más difícil hacer un pase que rompa la defensa. En estas situaciones, un buen delantero se emplea mejor haciendo una carrera corta hacia el centrocampista para facilitarle el pase. Sin embargo, cuando el centrocampista tiene espacio, es un buen momento para doblar una carrera y dirigirse al espacio que hay detrás de la defensa.

Los mejores delanteros también desarrollan una conciencia de sus compañeros de equipo. Puede ser que hacer una carrera corta hacia el balón dé a un compañero una mejor oportunidad de doblar su carrera hacia el espacio que se acaba de crear.

Por último, en el caso de los jugadores jóvenes, es muy importante recompensar las carreras con elogios. La mayoría de las veces, el delantero doblará su carrera, arrancará con una ráfaga de aceleración y tendrá que parar porque el pase no ha sido entregado. Esto puede ser desmoralizante para el delantero, que debe comprender la importancia de realizar sus jugadas. Ser un número 9 no consiste únicamente en marcar grandes goles y conseguir la gloria... también se trata de trabajar duro.

Un buen mensaje para los jugadores jóvenes es que el delantero centro suele ser la primera persona que se sustituye tácticamente en el juego profesional. La razón habitual es que el delantero ha hecho tantas carreras, muchas de ellas sin recibir un pase, que necesita un descanso.

Ejercicio ofensivo: doblar la carrera.

La configuración de este ejercicio es la misma que la del Ejercicio 17A. Sin embargo, en este ejemplo los delanteros parten de una posición ligeramente más profunda en el campo, dejando más espacio por detrás de la defensa para que el pasador suministre el balón. Se aplica el fuera de juego.

Nota útil: Empezar un poco más arriba en el campo puede ser dictado por la defensa. Tácticamente, una línea más alta reduce el centro del campo haciendo que un pase clave sea más difícil de conseguir, pero el lado negativo es que la defensa deja más espacio por detrás para que un jugador ofensivo rápido lo aproveche.

Los tres jugadores atacantes se reparten uno a cada lado y otro en el centro. Corren lateralmente por el terreno de juego, e indican el momento en que debe realizarse el pase. En ese momento cambian de dirección y corren hacia la portería, utilizando a su defensor para la recogerlo si están marcados.

Nota, esto tiene que ser un contacto de hombro a hombro real. El balón se juega en el espacio detrás de la defensa. Esta es probablemente la forma más fácil de cronometrar una carrera ya que hay el mayor margen de error.

Rompiendo desde el centro del campo

Ejercicio ofensivo - Rompiendo desde el centro del campo

Así pues, la forma más compleja de superar la trampa del fuera de juego. Crear espacio para una ruptura desde el centro del campo requiere un gran trabajo de equipo. Aquí, cada jugador tiene una tarea individual. El jugador uno pasará el balón al espacio para el corredor del centro del campo.

El jugador dos se acerca al balón, llevándose a su defensor con él. Al mismo tiempo, el jugador tres se abre con una carrera lateral para llevarse a su defensor. Este jugador cambiará entonces la dirección de su carrera hacia la portería para apoyar al centrocampista si es necesario.

El jugador cuatro, el corredor del centro del campo, dirige su carrera hacia el espacio creado por sus compañeros. El pase y la carrera deben estar cronometrados para permitir que el jugador esté lo más cerca posible de la línea de fuera de juego, lo que le da la mayor oportunidad de utilizar su ruptura para crear una oportunidad de gol.

Comienza el ejercicio recorriendo los movimientos para que los jugadores se acostumbren a su papel, y luego aumenta el ritmo. A continuación, el ejercicio pasa a su tercera fase, en la que se juega un partido de 4 contra 2 (más un portero) en el que el equipo ofensivo debe crear oportunidades de gol. Si el equipo ofensivo tiene problemas, se puede añadir un jugador más a su lado para aumentar sus opciones de pase.

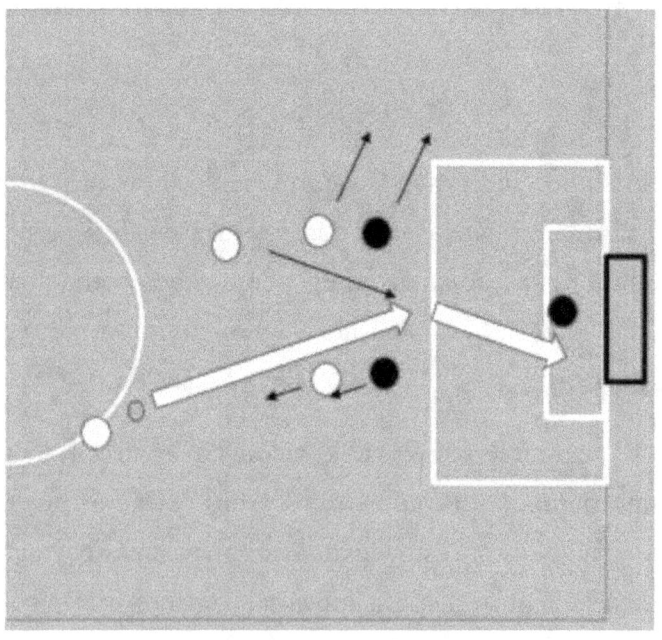

Hemos sido bastante técnicos en este capítulo sobre el juego ofensivo. Los niños pueden hacer frente a este tipo de entrenamiento técnico siempre que sea divertido, activo y el entrenador anime a los jugadores a experimentar y no les critique cuando se equivoquen.

Sin embargo, los entrenadores también deben ser conscientes de no limitar el juego de los jóvenes. Aunque todos se beneficiarán técnicamente de los ejercicios que se han presentado en este capítulo, también debemos ser conscientes de no restringir la creatividad de los jóvenes. Es esta creatividad la que permitirá que un jugador joven muy bueno se convierta en uno excepcional.

Los mejores entrenadores utilizan su criterio y no se rigen por el manual del entrenador.

Un breve mensaje del autor:

¿Te está gustando el libro? Me encantaría conocer tu opinión.

Muchos lectores no saben lo difícil que es conseguir reseñas y lo mucho que ayudan a un autor.

Te agradecería muchísimo que te tomaras sólo 60 segundos para escribir una breve reseña en Amazon, ¡aunque sólo sean unas pocas frases!

Ve a la página del producto y deja una opinión como se muestra a continuación.

Customer Reviews

★★★★★ 2
5.0 out of 5 stars

5 star		100%
4 star		0%
3 star		0%
2 star		0%
1 star		0%

Share your thoughts with other customers

Write a customer review ←

See all verified purchase reviews ›

Gracias por tomarte el tiempo de compartir tus opiniones.

Tu reseña marcará realmente la diferencia para mí y ayudará a dar a conocer mi trabajo.

Habilidades defensivas

Hay una triste ironía en el comienzo de este capítulo. Acababa de sentarme, con la investigación preparada, para poner la pluma sobre el papel (o, al menos, el dedo sobre el teclado) cuando mi Twitter emitió un pitido. El mensaje era especialmente triste. Gordon Banks había muerto.

Banks fue, por supuesto, el portero que hizo "esa parada". También ganó la Copa del Mundo con Inglaterra, cuya única victoria se produjo en 1966, en su propio país. Fue elegido por la FIFA como el mejor portero del mundo nada menos que seis veces. Su carrera se vio truncada por la pérdida de un ojo en un accidente de tráfico a principios de la década de 1970. Aun así, volvió a jugar en la recién creada MLS a finales de esa década. Imagínate, un portero tuerto jugando a un nivel relativamente alto.

Pero hizo "esa parada" en el Mundial de México de 1970. La favorita, Brasil, se enfrenta a Inglaterra, defensora de la copa, en Guadalajara. Es un partido de la fase de grupos, pero para la mayoría de los expertos es la final anticipada. La selección brasileña de 1970 está considerada como la mejor de todos los tiempos. Es una opinión sostenida por muchos que debemos respetar.

Carlos Alberta envía un pase perfectamente ponderado a Jairzinho. El gran extremo se deshace de Terry Cooper, el lateral inglés, como si se tratara de un maniquí en el campo de entrenamiento, y lanza un centro en profundidad hacia el segundo poste. Jairzinho era el segundo mejor jugador del mundo en aquella época; su nombre sería aún más conocido hoy si no hubiera sido también miembro de su equipo el mejor jugador del mundo, no sólo de 1970, sino de todos los tiempos.

De hecho, ese jugador, el incomparable Pelé, por supuesto, está en el extremo receptor del centro. Encuentra espacio en el segundo poste y, sin marca y a sólo siete metros, se eleva con una sincronización perfecta. Su cabezazo es de libro. Potente, en la esquina y hacia abajo.

Pero eso no es todo. Es tal la combinación de potencia en el remate de cabeza y dureza en el suelo que el balón rebota con saña a dos metros de la línea de gol. Tanto es así que, al llegar a esa línea, se encuentra a media altura de la portería.

Pelé se da la vuelta, levanta el brazo y grita "¡Gol!" (Una historia que cuenta con tan buen humor y modestia, algunos jugadores y entrenadores de hoy en día podrían tomar una lección allí).

Consideremos ahora el desarrollo de la jugada desde la perspectiva de Gordon Banks. Cuando Jairzinho pasa a Cooper, éste tiene una clara carrera hacia la portería. Por lo tanto, Banks se ve atraído por proteger su primer palo. El centro es firme. El cabezazo es perfecto. Para detener el balón, Banks debe realizar no sólo una, sino cuatro trucos de magia.

En primer lugar, debe recorrer todo el ancho de la portería. En segundo lugar, debe lanzarse, pero de una forma controlada que le permita un microsegundo para ajustarse al rebote de la pelota. En tercer lugar, debe cambiar la posición del brazo mientras está en el aire.

Recuerda que el cabezazo es potente, el rebote alto e imprevisible. El balón cae al suelo a un metro y medio delante de él. Efectivamente, no tiene tiempo para hacer ese ajuste. Por último, debe tener fuerza en las manos para empujar el balón. Lo hace todo. Si no lo has visto, mira la parada en línea. Enséñaselo a tus hijos, a tu equipo, de hecho a cualquiera que esté cerca. Pero asegúrate de estar sentado cuando lo hagas.

Pero la salvada es más que increíble. Resume el mensaje de este capítulo (y, en muchos sentidos, de este libro). Gordon Banks era un hombre increíblemente modesto. A pesar de ser el mejor portero del mundo, su época fue anterior a la enorme afluencia de dinero que influye en el juego actual. En la actualidad, un hombre con su escandaloso talento exigiría una cuota de traspaso de 120 millones de dólares como mínimo, y un salario de 350.000 dólares a la semana.

Pero no en los años 60 y 70. Los campeones del mundo recibieron menos de 1.500 dólares por sus hazañas en 1966. La insostenible burbuja de aumento de honorarios y salarios que seguramente estallaría algún día, cubriendo todo lo relacionado con el fútbol bajo su pegajoso detritus, se produjo muchos años después. Sin embargo, a pesar de la relativamente escasa rentabilidad económica de sus extraordinarios logros en el fútbol, Banks siempre estaba solicitado para dar discursos después de la cena. Llevaba algún recuerdo a los eventos, quizás una camisa que había intercambiado, o unos guantes que había usado, y al final de su charla subastaba el objeto al mejor postor. Imagínate, poseer un par de guantes usados por el mejor portero que ha visto el mundo. El dinero recaudado no vería el forro de su bolsillo, sino que se destinaría inmediatamente a la sala de niños del hospital local.

Pasó al hospital tranquilamente. Sin alboroto ni fanfarria. De hecho, la historia sólo salió a la luz cuando los amigos recordaron al gran hombre el día de su muerte.

En las sesiones de preguntas y respuestas de estas comidas, Banks explicaba con gusto su asombrosa obra de portero. De la misma manera, estaría encantado de pasar el tiempo hablando del momento con la infinidad de aficionados que le saludaban en los restaurantes, o en el supermercado, o en el campo de golf. Disfrutaba de una sonrisa ante la reacción de su amigo Pelé, pero, por lo demás, se tomaba todo muy en serio. Porque lo que para los aficionados era un milagro, para él era el resultado del trabajo duro, el entrenamiento y la voluntad de recuperarse de los errores.

Explicaba cómo pasó años dominando el sentido de la posición. A pesar de la maravilla de México, Banks no hizo muchas paradas espectaculares. No le hizo falta. Siempre se las arregló para estar en el lugar correcto. Pero eso fue gracias a las horas de práctica adicional. Antes de que los clubes contrataran a un entrenador de porteros especializado, Banks convencía a sus compañeros de equipo para que se quedaran después del entrenamiento y le dieran más práctica.

Descubrió que este trabajo extra le ayudaba a desarrollar altos niveles de anticipación. No era una especie de don telepático, sino el resultado de interminables horas en el campo de entrenamiento. Así que la parada por la que se le recuerda no fue sólo un salto instintivo y bestial.

También fue el resultado del estudio y la anticipación. Sabía que Pelé era un maestro. Sabía que cabecearía el balón con firmeza y precisión. Así que sabía dónde acabaría. En el lugar más difícil de alcanzar para un portero. Finalmente, había llegado a México para encontrar campos que eran duros como una roca. Eso significaba un entrenamiento adicional para trabajar el rebote, y retrasar el compromiso total con las zambullidas hasta el último momento posible. Un entrenamiento adicional que Banks había asimilado con gusto.

Gordon Banks, a su manera tranquila y modesta, ofrecía consejos a los jóvenes jugadores que se iniciaban en el juego. A estos niños asombrados les decía lo siguiente:

- Trabaja duro en el entrenamiento.
- Ve un error como una oportunidad para mejorar.
- Mantén la confianza.
- Estudia el juego.
- Diviértete.

Por supuesto, Gordon Banks se dirigía sobre todo a los futuros porteros. Pero esas lecciones se aplican a todos los niños que aprenden el juego. Son un excelente mantra para los entrenadores. Y son especialmente aplicables a los jugadores que están aprendiendo a defender.

Todos los aspectos del fútbol tienen como base el juego en equipo, pero ninguno más que el trabajo defensivo. Los delanteros deben saber defender tanto como un defensa central. Por lo tanto, los ejercicios y las habilidades que aquí se analizan son tan relevantes para el número nueve como para el número 3.

Presión

La mayoría de los jugadores son bastante buenos si se les da tiempo y espacio. La mayoría comete errores cuando está bajo presión. Por lo tanto, la presión es una parte creciente y esencial del juego. Tradicionalmente, los delanteros y los números diez hacían un suave trote hacia los defensores en posesión del balón, y luego esperaban a que se desarrollara el ataque del adversario, dejando que el centro del campo y la defensa recuperaran la posesión.

Sin embargo, enseñar a los jóvenes jugadores a presionar en equipo mejorará su comunicación, su comprensión del juego de los demás, su forma física y su implicación en el juego. Y cuanto más se impliquen, más se divertirán con este deporte.

Ejercicio defensivo: Presión alta

Este ejercicio implica un campo completo y equipos completos, y es una situación de juego condicionada. El balón comienza en el fondo con un portero o un lateral del equipo que no presiona. Cuando se llega a la fase de transición, o el juego se interrumpe, el ejercicio se reanuda.

El entrenador debe estar preparado para detener el ejercicio con regularidad, asegurándose de que los jugadores permanezcan en la posición en la que están, para señalar los puntos fuertes y débiles de la posición. Los objetivos del equipo de presión son:

- Cerrar el espacio.
- Presionar al jugador con el balón.
- Hacer que la siguiente pasada sea lo más difícil posible.
- Utilizar su creciente conocimiento del juego para anticipar dónde irá el siguiente pase. Los mejores equipos son capaces de anticiparse en dos o tres pases. Hay similitudes entre el fútbol y el ajedrez.
- Cuando se gane el balón, deben pasar a la transición lo más rápido posible (no nos centraremos en esto durante el ejercicio, pero jugar en esa fase hará que la práctica sea más realista).

Habilidades clave:

- Cada jugador debe CONOCER y REALIZAR su papel. Nota: los equipos que juegan con presión alta son vulnerables si un jugador no hace su trabajo, ya que hay espacio detrás de la defensa.
- Los jugadores que presionan encierran a sus rivales, acercándose a ellos de forma lateral al balón, e intentando forzar a sus oponentes sobre su pie más débil.

- Los adversarios tendrán un jugador de repuesto, porque el equipo que presiona también debe mantener un jugador de cobertura. Sin embargo, el trabajo en equipo y la comunicación garantizan que este jugador sea siempre el más difícil de alcanzar con un pase.
- La presión es fluida, con el jugador mejor situado cerrando, marcando o cubriendo.

Con presión alta, es importante tener una línea de fondo rápida. Estarán más arriba en el campo, lo que deja espacio detrás de ellos.

Marcado del hombre

Esta es una sección de la parte defensiva del juego que está empezando a desaparecer, al menos en el nivel profesional superior. Y la estructura de los jóvenes debería reflejar la mejor práctica del juego en su forma más desarrollada. Hoy en día, el marcaje al hombre tiende a utilizarse únicamente en las jugadas a balón parado. En cambio, si un jugador debe ser "marcado" en juego abierto, será el jugador más cercano el que sea designado para cerrarlo.

La razón es positiva. En el plano ofensivo, los equipos son más eficaces si todos los jugadores pueden contribuir. Así, aunque el centrocampista central sea el mejor pasador, el número 10 el jugador más creativo, el extremo el más rápido y el delantero centro el que tiene la mejor intuición a la hora de marcar goles, se espera que todos los jugadores puedan contribuir. La época del "marcador" ha pasado a mejor vida. Algo que agradecen eternamente los árbitros, los espectadores y los tobillos de los futbolistas con talento.

El aspecto negativo de este enfoque de la defensa, que consiste en presionar con fluidez en lugar de marcar al hombre, es que los jugadores se ven obligados a salir de su posición con más frecuencia. Esto significa que cubrir a los compañeros de equipo y estar atentos al espacio se vuelve más importante. Por supuesto, está bien estar fuera de posición cuando se ataca, pero no cuando se defiende. Por eso, el aspecto de la transición del juego se ha vuelto tan importante.

Sin embargo, cuando el marcaje al hombre es el sistema que va a utilizar un equipo, hay ciertas técnicas que un jugador defensivo debe buscar...

Habilidades clave de marcaje:

- Colócate cerca del oponente que está siendo marcado.
- Colócate del lado de la portería, es decir, entre el atacante y la portería.
- Colocar el cuerpo a 45 grados del balón para permitir un movimiento rápido.
- Mantente alerta.

- Asegúrate de que puedes ver a tu oponente y el balón. Si el adversario se pone detrás de ti, no podrás ver su movimiento, y eso puede dar a un buen delantero la oportunidad de marcar.

Ejercicio defensivo: Marcaje al hombre en jugadas a balón parado.

Prepara varias jugadas a balón parado. Tiros libres, saques de banda, córners. Con los jugadores más jóvenes, puede ser mejor que el entrenador haga la jugada a balón parado. Una vez más, para obtener precisión, puede ser eficaz que el entrenador lance el balón por debajo del brazo. Comprueba la posición de los defensores y realiza la jugada a balón parado.

Discute la jugada al final y haz que los defensores identifiquen lo que ha funcionado y lo que debería mejorarse. Este tipo de debate es muy importante para los jugadores jóvenes. Verbalizar sus pensamientos ayuda a que los conceptos se entiendan y se graben en sus cabezas.

Consejo: *A veces los entrenadores, por muy buenos que seamos, confundimos los términos "debate" y "conferencia". En un debate participan todos, y todos tienen la oportunidad de aportar y aclarar sus ideas. Una conferencia implica que el entrenador (o el profesor) hable y todos los demás duerman.*

Marcado por zonas

Con el marcaje por zonas, cada jugador tiene una zona del campo de la que es responsable. La comunicación y la cobertura son vitales cuando los jugadores salen de sus zonas, ya sea para apoyar a un compañero o porque se han incorporado a un ataque.

El marcado por zonas mejora con la práctica. No hay nada sorprendente en ello. Utiliza situaciones de juego para identificar los puntos fuertes y débiles de la defensa. Los entrenadores deben estar preparados para detener los partidos de práctica con regularidad para permitir a los jugadores revisar su posicionamiento zonal.

El marcaje en zona se utiliza a menudo en los córners. En este caso, los defensores se sitúan a lo largo del área de seis yardas, cada uno con una zona de la que son responsables. Esto tiene la ventaja de que todas las partes del área de penalti están cubiertas. En cambio, con el marcaje al hombre, aparecen huecos, ya que el foco defensivo es el adversario y no la zona. Sin embargo, con el marcaje zonal, los jugadores tienden a estar inmóviles y, por tanto, reaccionan peor a los movimientos del adversario.

Las investigaciones sugieren que la mejor manera de defender los córners es abarrotar el área. Los mejores remates de cabeza del adversario se marcan con un hombre, mientras que también se utiliza la defensa zonal.

Consejo: *En el fútbol profesional se marcan muy pocos goles de córner. Menos aún cuando juegan niños. El tiempo de un entrenador probablemente sea mejor utilizado en cualquier otro aspecto del juego que en el entrenamiento de los córners. En su lugar, saca un córner corto si es posible, y si no, llévalo al área y ve qué ocurre. Recuerda que un córner puede dejar a un equipo vulnerable a un rápido contraataque.*

Bloqueo de tiros

Los defensores tienen que ser valientes. Cerrar los tiros es una parte vital de su papel. La habilidad de esto es una mezcla de fuerza mental y anticipación. En el bloqueo de tiros, es importante mantenerse erguido y cerrarse en lugar de lanzarse a los pies del tirador. Una vez que el defensor está en el suelo, puede ser fácilmente vencido, e ir a la cubierta debe ser realmente un último recurso. Acércate al tirador a 45 grados, haz que el cuerpo (no los brazos) sea lo más grande posible, dobla las rodillas y mantente suelto y flexible.

En el ámbito profesional, los defensores suelen llevar los brazos a la espalda para evitar regalar un penalti. Esto es una mala técnica, especialmente para los niños, ya que afecta al equilibrio. Tener los brazos en una posición natural no debería ser un problema. Si un árbitro concede un penalti cuando el balón golpea el brazo en esta situación, no es un buen árbitro y cometerá muchos otros errores durante el partido.

No recomendaríamos ejercicios específicos para el bloqueo de tiros. En cambio, es bueno recompensar los intentos con elogios para reforzar su valor. El bloqueo de tiros puede doler, y si los niños bloquean repetidamente durante un ejercicio, su confianza se erosionará y dudarán en el calor de una situación de partido.

Defensa uno a uno.

Aunque el bloqueo de tiros no es un área del juego que se beneficie de ejercicios específicos, la defensa uno a uno sí lo es.

Si la defensa es sobre todo una actividad de equipo, entonces la defensa uno a uno es la oportunidad para que el defensor muestre sus propias habilidades especiales. La técnica es importante. Cuando se trabaja para mejorar la técnica, se debe hacer hincapié en las siguientes habilidades.

- Acércate a 45 grados del jugador para permitir cambios rápidos de dirección.
- Mantente ligeramente sobre las puntas de los pies, con las rodillas dobladas.
- Observa el balón, no al jugador. Lo importante es el balón.

- Permanece atento hasta que el jugador haya perdido el control cercano del balón.
- Intenta llevar al jugador hacia su pie más débil colocando el cuerpo con más espacio en ese lado más débil.
- Si te van a ganar el dominio, debe ser por fuera, no por dentro, ya que esto presenta el menor peligro para la portería. Por lo tanto, los jugadores atacantes deben ser generalmente pastoreados lejos de la portería.
- No te comprometas con la entrada demasiado pronto. Ciertamente, esto es necesario si el delantero está en posición de disparar, pero al acosar y defender, el atacante será frenado, y eso permite que llegue el apoyo.

Ejercicio defensivo: Uno contra uno

Este ejercicio requiere un medio campo. Hay dos contra dos jugadores, con un portero.

El atacante uno comienza con el balón a lo ancho. Ataca al defensor uno corriendo hacia él.

El atacante dos está ligeramente por delante del defensor dos. Este jugador hace una carrera, el defensor no puede moverse hasta que el atacante se haya movido. Por lo tanto, los defensores estarán practicando la defensa por delante del jugador, y por detrás de él. Los atacantes intentarán marcar o disparar a puerta. Los defensores intentarán impedirlo.

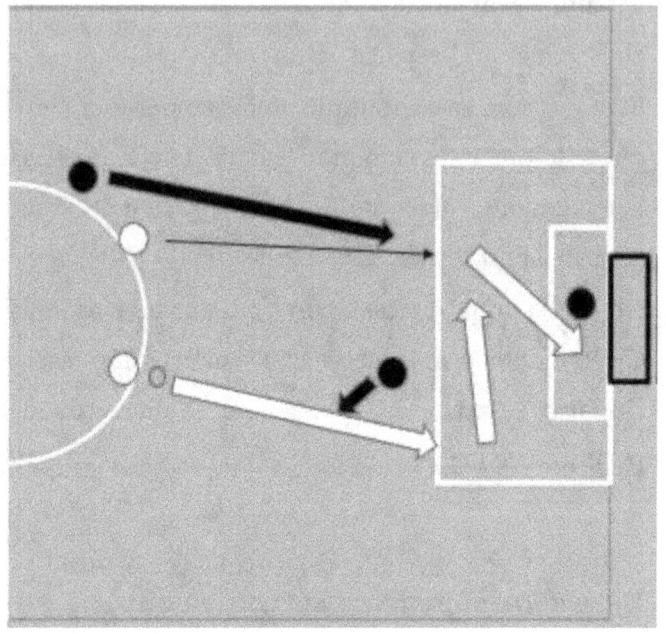

Puede que los entrenadores tengan que trabajar un poco para convencer a sus jóvenes jugadores de esto, pero defender puede ser divertido. Los elogios son menos frecuentes que quizás para un delantero, pero siguen siendo igual de satisfactorios. La defensa es la parte no reconocida del fútbol, pero, como diría Gordon Banks, trabajar duro, entrenar duro, ser valiente y disfrutar del juego ayudará a convertir a los jóvenes jugadores en defensores estrella.

Ayudemos a nuestros jóvenes jugadores a aprender que la gloria puede adoptar muchas formas.

Aprender a jugar al fútbol viendo la televisión

Jugar al fútbol es tan divertido que no sorprende que sea el deporte de equipo más popular del mundo. Es un deporte que se puede practicar casi sin equipamiento. Algo para patear (¡lo mejor es un balón!), y dos ramas para los postes de la portería.

Al mismo tiempo, en su forma organizada es muy técnico y complejo. Marcar en el fútbol es relativamente raro. Eso es importante para el juego. En varias ocasiones se ha sugerido hacer las porterías más grandes para aumentar las tasas de conversión de los tiros. Pero la intensa emoción de marcar se ve realmente reforzada porque no ocurre tan a menudo.

Otras razones que hacen del fútbol un gran deporte para el espectador son básicas: el balón es lo suficientemente grande como para verlo con facilidad, el campo lo suficientemente grande como para permitir grandes multitudes.

Pero el fútbol es mejor cuando los jugadores tienen pasión. Pasión cuando juegan... pero también por el juego en general. Eso significa tener un equipo al que apoyar. Es un placer ver a tu equipo local, sea cual sea su nivel, o al equipo de un amigo. Mejor aún es apoyar a un equipo profesional. Sin embargo, en Estados Unidos eso no es tan fácil como en muchas otras partes del mundo, debido al tamaño del país y al número relativamente reducido de clubes profesionales de primer nivel.

Si vives en Los Ángeles, el LA Galaxy es la única opción totalmente profesional. Viviendo en Londres los jóvenes aficionados pueden ir a ver al Arsenal, al Chelsea, al West Ham United, al Charlton Athletic, al Queens Park Rangers, al Barnet, al Crystal Palace, al Fulham, al Tottenham Hotspurs, etc.

Pero los jóvenes pueden seguir a los equipos europeos y verlos regularmente por televisión. Hay muchas influencias que convierten a un joven en aficionado, y el éxito es una de ellas. A continuación, un breve repaso de algunos de los principales equipos europeos. Nuestro objetivo al mostrarlos es desarrollar el amor de los niños por el juego. Sí, aprenden más jugando, pero apoyar a un equipo significa que (ciertamente para cuando tengan nueve o diez años) disfrutarán viendo a su equipo en la televisión. Luego aprenden viendo a los mejores, estudiando los análisis posteriores a los partidos de los expertos, viendo a sus propios jugadores favoritos actuar. Todo esto sólo puede contribuir a su amor por el fútbol.

España: Aquí dominan dos equipos. El Barcelona y el Real Madrid. Probablemente los dos equipos más exitosos de Europa, su dominio sólo es desafiado de lejos por otro, el Atlético de Madrid.

Alemania: Una vez más, en este momento el fútbol alemán está dominado por dos equipos. Se trata del Bayern de Múnich, con su consolidada trayectoria de éxitos. Pero actualmente los nuevos chicos del bloque, el Dortmund, están en la cima.

Francia: Lamentablemente, aunque el fútbol francés está en lo más alto a nivel nacional, ganaron el Mundial en 2018, a nivel de clubes es una carrera de un solo caballo no competitivo. El PSG tiene todo el dinero y, por tanto, gana todos los trofeos.

Italia: Si el fútbol francés está en un momento álgido, el italiano pasa un poco de apuros. Pero hay mucha competencia en la liga. Los equipos de Milán, el AC y el Inter, son los tradicionales fuertes. Roma se encuentra en un momento álgido. La Juventus es el equipo italiano más fuerte del momento.

Inglaterra: Muchos consideran que la Premier League inglesa es la más competitiva, ya que cualquiera de los seis equipos suele repartirse el éxito en la copa y la liga. Además, la mayoría de los partidos se pueden ver por televisión. Los mejores equipos son los de Manchester, el United y el City, el Liverpool y tres equipos londinenses: Arsenal, Tottenham Hotspurs y Chelsea.

Una vez que los jóvenes jugadores han escogido sus equipos, verlos por televisión puede ser una forma muy útil de ayudarles a entender el juego. Los padres y los entrenadores pueden facilitar que estos jóvenes jugadores se centren en los aspectos del juego. Anímales a estudiar a su equipo favorito y a sus jugadores preferidos. Ver a los maestros sólo puede ayudarles a entender las técnicas del juego. Jugadores como Virgil Van Dyke en la defensa, Mesut Ozil en el centro del campo, Lionel Messi o Ronaldo en la delantera, y sobre todo la nueva estrella del fútbol, Kylian Mbappe, deben ser positivos para el desarrollo de los jóvenes.

Las siguientes áreas son aquellas en las que la televisión puede proporcionar tanto entretenimiento como una gran experiencia de aprendizaje. Son partes del juego que a menudo se recogen durante el análisis posterior al partido, pero si esto no está disponible, o no es adecuado para lo que estamos tratando de lograr, los botones de pausa y repetición pueden ayudarnos a utilizar la cobertura en nuestro beneficio. Algunas coberturas tienen una "cámara de jugador" que sigue a un jugador en particular. Esto puede ser útil para mostrar a los jugadores jóvenes lo mucho que trabajan sus héroes profesionales durante un partido. Hemos ofrecido un consejo o punto focal para cada aspecto pero, por supuesto, éstos variarán en función de los intereses y necesidades de los jóvenes jugadores, además de su actitud hacia el estudio del juego.

Nunca debemos perder de vista que el fútbol debe ser divertido.

Movimiento: Compara los diferentes movimientos entre el ataque y la defensa. Un movimiento exitoso hará que los equipos atacantes consigan jugadores a lo ancho, con los centrocampistas y los números 10 intentando meterse en los espacios entre las líneas de defensa. Los delanteros centrales tratarán de dividir a los centrales, creando huecos que serán aprovechados por su mediocampo.

Por el contrario, los defensas se esforzarán por mantener una línea de cuatro defensas, y probablemente cinco en el centro del campo. Los jugadores saldrán de su posición para presionar, y sus compañeros se desplazarán para cubrirlos.

En un capítulo anterior, comparamos el fútbol con una partida de ajedrez. Observando el movimiento vemos la constante batalla táctica para encontrar espacio en un lado, y negarlo en el otro. Esto es fascinante para los adultos, pero para los niños que preferirían estar jugando es un plato que se sirve mejor en pequeñas porciones.

Primer toque y protección del balón: Esta parte del juego es útil para ver en la televisión por un par de razones. En primer lugar, podemos ver cómo las habilidades que los niños practican en los entrenamientos se ponen en práctica en un partido profesional de alto nivel. También podemos mostrar a los niños que incluso los mejores jugadores a veces se equivocan. Esa es una lección útil para ayudar a reforzar la capacidad de recuperación.

Posición del cuerpo (defender y recibir el pase): Una diferencia que los jugadores jóvenes pueden notar aquí es que el juego es mucho más físico a nivel de adultos. Muchos de los contactos que se ven en la televisión se penalizarían en un partido de menores. Ayudar a los niños a encontrar un equilibrio feliz entre lo físico y la equidad es siempre difícil, pero la televisión puede ofrecer un extremo a los jóvenes jugadores.

Pases: El entrenador puede reunir una selección de primeros planos de jugadores pasando el balón y utilizarlos como herramienta de entrenamiento para un ejercicio de pase.

Toma de decisiones: Los entrenadores pueden montar clips, o congelar partidos en directo o momentos destacados, y hacer que los jóvenes debatan sobre las decisiones que toman los jugadores, cuáles son buenas y cuáles erróneas. A continuación, se pueden reproducir los clips y debatir los resultados de la toma de decisiones.

Formación del equipo: Los ángulos cenitales pueden ofrecer una gran visión de la formación de un equipo, mejor incluso que la que se puede ver desde lo alto de un estadio. Una vez más, los entrenadores pueden montar sus propios vídeos y crear un concurso en el que el equipo vea una formación y discuta la configuración que ha utilizado el entrenador profesional. Puede ser una actividad estupenda para una reunión de final de temporada, o una forma de interrumpir una larga sesión de entrenamiento de pretemporada en la que los jugadores necesiten un descanso ocasional del trabajo físico.

Presión en equipo: Lo más difícil de conseguir que los jóvenes comprendan en equipo es que cada uno de ellos tiene un papel vital que desempeñar. Esto se extiende no sólo al jugador que cierra a un rival, sino al lateral del lado opuesto del campo que se asegura de que, en dos pases, su extremo no se va a encontrar en un espacio peligroso. Ver cómo operan los equipos profesionales con alta presión puede ayudar a entender esto. Haz que los jugadores jóvenes observen su equivalente en los equipos profesionales que se presentan.

Transición: La velocidad de la transición, el movimiento de los jugadores y los pases a un solo toque hacen que esta sea una de las partes más emocionantes del juego. El simple hecho de observar este emocionante cambio de ritmo en un juego proporciona un enorme entretenimiento. Cuando observan un gran juego, los niños están comprometidos, y cuando están comprometidos, están aprendiendo.

Lo que decimos es que el entrenador debe dejar que la etapa de transición se desarrolle en los partidos por televisión. Tal vez pueda volver a discutir el papel de cada jugador más tarde, pero evita interrumpir el flujo del juego mientras se desarrolla.

Jugadas ofensivas: Es muy divertido ver cómo los ejercicios que hemos trabajado en nuestros propios entrenamientos se utilizan al más alto nivel del juego. Si es genial para nosotros, como entrenadores y adultos, entonces es aún más emocionante para los niños.

Jugadas defensivas: Lo mismo que en el caso anterior.

Gestión del juego: Hemos incluido esto por una razón negativa. La gestión del juego es en realidad un eufemismo. Es una forma en que los profesionales y los expertos explican el juego negativo que está diseñado para mantener una ventaja. Queremos que nuestros jóvenes jugadores disfruten del deporte por lo que debe ser, y no sólo se centren en ganar un partido.

¿Por qué conformarse con un 2-1, cuando el resultado podría ser un 4-3?

Habilidades de regateo

El regate es uno de los aspectos más emocionantes del juego. Hay algo indescriptiblemente impresionante en ver a un veloz extremo que baja el hombro, golpea el balón y pasa a toda velocidad por encima de un lateral, dejando al defensor tropezando en la melaza.

Antes hemos visto cómo se pueden desarrollar las habilidades generales de regate como parte del calentamiento de una sesión de entrenamiento. En este capítulo veremos con mucho más detalle ejercicios y técnicas específicas que pueden ayudar a los jugadores a mejorar sus habilidades y técnicas de regate.

A los niños les encanta regatear. El reto suele ser conseguir que pasen, no que se peguen el balón a los pies. Así que el entrenador tiene un comienzo positivo. La siguiente etapa consiste en utilizar ese entusiasmo natural que rezuma por todos los poros de los jóvenes futbolistas y convertirlo en las habilidades que les serán útiles a lo largo de su carrera deportiva.

Ejercicio de regateo: Juego de la etiqueta

Este ejercicio es una gran manera de hacer que los niños utilicen las habilidades clave del regate: el control de cerca, el uso de ambos pies, el interior y el exterior de esos pies y, fundamentalmente, el mantenimiento de la cabeza.

Es un juego divertido, ideal para el calentamiento, rápido de colocar y que implica mucha acción: en otras palabras, perfecto para los jugadores jóvenes.

El entrenador marca una gran cuadrícula; el círculo central o el área de penalti también sirven. Todo el equipo participa. Cada jugador tiene un balón y debe regatear en el área sin salirse. Uno de los jugadores lleva un peto y es el "Etiquetador". Su objetivo es tocar, o marcar, a uno de los otros jugadores. Esto sólo puede hacerse mientras el etiquetador tiene su propio balón bajo control.

El entrenador supervisa la acción y recuerda constantemente a los jugadores que mantengan la cabeza alta, que utilicen los dos pies y también el interior y el exterior de éstos.

Ejercicio de regate: Toma de decisiones

La toma de decisiones es siempre importante para los jugadores que regatean. ¿Cuándo pasar? ¿Debo disparar? ¿Cojo a otro jugador? No sólo son decisiones difíciles cuando el balón está en sus pies y tienen tiempo para considerar las opciones, sino que cuando tienen que tomarlas corriendo a toda velocidad, el nivel de dificultad aumenta cada vez más.

Y si se toma una decisión equivocada, entonces todo ese buen trabajo de regate puede ser desperdiciado. ¿Cuántas veces hemos visto a un extremo hábil desaparecer gradualmente de un equipo porque su decisión final es mala?

En este ejercicio participan tres equipos, cada uno con tres jugadores. Uno de los jugadores es nombrado portero, y este jugador puede rotar. Marca un triángulo aproximado de 20 metros de lado. Un cono por cada esquina está bien, y los entrenadores no deben preocuparse demasiado de que los balones se salgan del juego. Se coloca una pequeña portería a lo largo de cada lado.

El ejercicio se desarrolla de forma ordenada. La primera fase es un simple regate entre atacantes y porteros. Cada equipo regatea el balón e intenta marcar en la portería de su izquierda. Esto puede cambiarse a la portería de la derecha si el entrenador lo desea. Se trata de una actividad continua en la que el segundo jugador de cada equipo comienza una vez que su equipo ha disparado a la portería.

Después de un par de rondas, se añade un defensor. Así, el equipo de tres tiene ahora un defensa, un regateador y un portero. En esta fase de 1 contra 1, marcar es más difícil.

La parte principal del ejercicio es un partido simultáneo de 3 x 3 x 3, con las tres porterías en uso. Los equipos pueden marcar en cualquier portería, excepto en la propia. Como puedes imaginar, el ejercicio se convierte en un ejercicio de gran acción, con el juego moviéndose en todas las direcciones. Se recrea así la confusión de un partido real. Además, los jugadores están constantemente tomando decisiones. ¿Cuándo atacar? ¿Cuándo defender? ¿Pasar o regatear?

Este excelente ejercicio puede retomarse a medida que los jugadores desarrollan sus habilidades individuales. El entrenador debe decidir si introduce las habilidades individuales antes de las habilidades tácticas desarrolladas en este ejercicio.

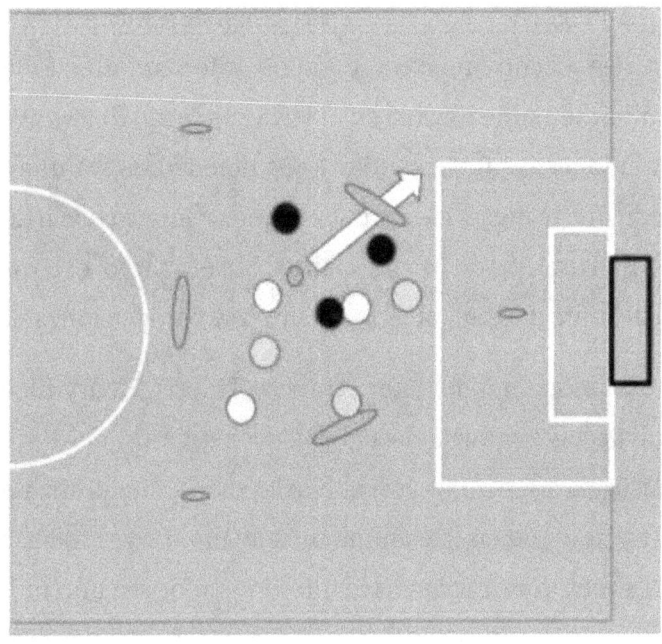

Normalmente, abogamos por practicar la habilidad técnica antes que la táctica. El regate es quizás la única excepción a esta regla. Esto se debe a que es algo que los jugadores jóvenes hacen de forma natural. De hecho, pueden regatear en exceso. Por lo tanto, es importante hacerles pensar en lo que realmente van a conseguir con su regate. Si toman la decisión correcta, su porcentaje de éxito aumentará, y con ello también su confianza. Como resultado, estarán preparados para experimentar más y así desarrollar sus habilidades personales de regate.

Ejercicio de regateo: Mover hacia adentro

El juego por las bandas no consiste únicamente en regatear y centrar. De hecho, muchos equipos intentan utilizar a un jugador predominantemente diestro en el lado izquierdo del campo, y viceversa. Por un lado, esto puede ayudar a los defensores, ya que pueden darse cuenta de que el jugador es probable que se mueva hacia dentro sobre su pie más fuerte antes de pasar o cruzar. Sin embargo, el movimiento hacia dentro permite a los regateadores situarse en posiciones de tiro.

El fenomenal delantero francés Thierry Henry fue un verdadero especialista en conducir desde el lado izquierdo del terreno de juego, recortar hacia adentro y hacia el pie derecho, y luego abrir el cuerpo para rematar con el pie en la esquina más lejana. (Por supuesto, el hecho de tener dos pies dominantes hace que el jugador sea aún más peligroso).

Muestra a tus jóvenes jugadores videos de sus goles, ya que ofrecen una visión real de la forma en que un delantero puede utilizar esta habilidad con un efecto sorprendente.

Moverse hacia dentro también crea espacio para que un lateral o un carrilero se sitúe por fuera del regateador, lo que supone un doble problema para el defensor. ¿Tratarían de seguir al regateador o intentarían cubrir al jugador que se anexa? Esa pausa momentánea mientras se toma una decisión suele ser suficiente para que el delantero que regatea consiga dar su pase o disparar.

Este ejercicio implica una serie de opciones, por lo que la toma de decisiones es crucial. Es un ejercicio de estilo rondo, con tres atacantes contra un defensor y un portero.

> ***Consejo:*** *Prepara ejercicios de regate sencillos, como regatear, moverse hacia dentro y tirar, para utilizarlos en cada sesión. Son rápidos de organizar, sencillos de explicar y a lo largo de una temporada los jóvenes los jugadores se harán mucho más fuertes en el regateo.*

El jugador uno es el regateador. Él o ella regatea y se mueve hacia dentro. El segundo jugador es el lateral. Este jugador corre por el exterior del extremo, para ofrecer una opción de pase. El jugador tres es un delantero. Corre lateralmente (para simular la permanencia en el terreno de juego, y corta a 45 grados para recibir el pase y disparar, o para alejar al defensor y crear espacio para el regateador. El defensor intenta anticipar el movimiento del balón y defenderse de él.

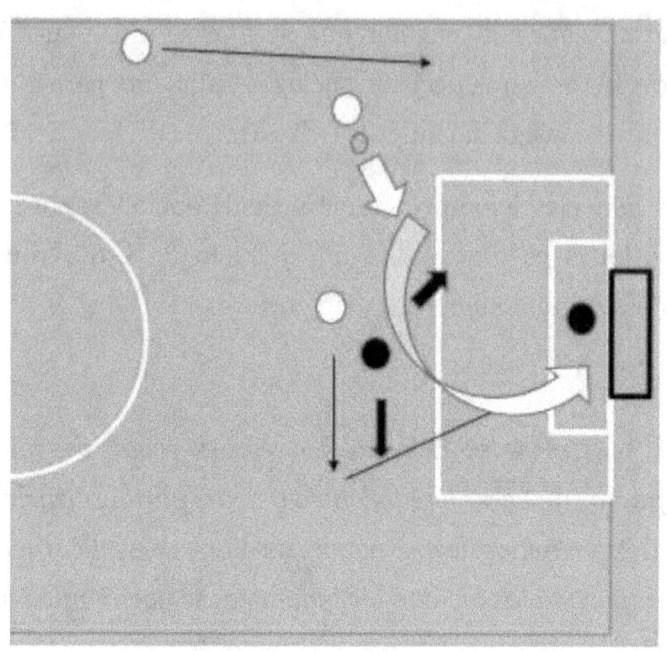

El entrenador debe animar al equipo a avanzar a gran velocidad; el espacio para un regate como éste suele llegar en la transición, por lo que el ataque debe completarse rápidamente (en un partido) antes de que la defensa pueda reorganizarse. El entrenador debe alentar la salida del balón, la comunicación y la mejor toma de decisiones para el jugador que tiene la posesión.

Regateo contra el portero

Los delanteros se encontrarán en situaciones de 1 contra 1 con el portero. Hay que animarles a que se decidan rápidamente y a que ataquen a velocidad. Si un jugador defensivo está persiguiendo, el atacante necesita cortar a través de este jugador para colocar su cuerpo entre el defensor y el balón.

Esto hace que una entrada sea muy difícil. En el juego de adultos, si el defensor se equivoca en la entrada, se enfrenta a regalar un penalti y, dependiendo del nivel y la gravedad del partido, a recibir una tarjeta roja.

Es poco probable que la tarjeta roja se produzca en las categorías inferiores, a menos que el juego sea del máximo nivel para la edad, pero sigue siendo importante enseñar a los jóvenes la mejor manera de jugar.

El delantero tiene varias opciones cuando corre hacia el portero. La velocidad a la que se desplaza, el nivel de control del balón, la posición del portero y el ángulo de aproximación deben tenerse en cuenta para que el delantero tome la mejor decisión.

Sugerimos practicar todas las opciones, para que los jugadores se sientan seguros con cualquier ruta que elijan.

Disparos tempranos: El portero estará ansioso por reducir los ángulos para el delantero lo antes posible. Puede ser efectivo disparar antes de que el portero tenga tiempo de hacerlo. Las ventajas de este disparo temprano son:

- El delantero tiene menos presión.
- El portero no está preparado para atajar el disparo.

Sin embargo, el disparo viene de más lejos, lo que da un mayor margen de error.

Disparar desde más cerca del portero: Un buen portero tratará de reducir al máximo el ángulo en el que el disparo va a entrar en la red, mientras se mantiene lo más grande posible. Un delantero que tiene confianza en sí mismo y sabe lo que va a hacer, normalmente marcará en un 1 contra 1; uno que es indeciso normalmente fallará, o se le salvará el tiro. Por lo tanto, el objetivo del portero es maximizar esa indecisión.

Un delantero puede anular esto disparando cuando él mismo se sienta en la mejor posición. En los ejercicios, anima a los delanteros a realizar disparos firmes con el empeine. El balón debe dirigirse cerca del portero, pero con la suficiente amplitud para que no pueda ser salvado con los pies. A menudo, un tiro firme y bajo pasará por debajo del portero, ya que intentan hacerse lo más grande posible.

Ventajas y desventajas de este enfoque:

- Debería ser fácil dar en el blanco.
- Pero el portero está bien colocado y ha cerrado los ángulos.

Sin embargo, este suele ser el enfoque que utilizan los delanteros la mayoría de las veces, por lo que podemos animar a los niños a seguir el ejemplo de los mejores jugadores y a considerar este método como su enfoque normal. Esto no quiere decir que no deban adaptarse cuando las circunstancias lo requieran. Por lo tanto, todos los métodos deben practicarse en los ejercicios.

Chipeando al portero: Muy espectacular; y muy difícil de conseguir. El objetivo es que el delantero baje el hombro, o "dé los ojos" para que el portero se comprometa con su clavada. Al bajar, el delantero se inclina ligeramente hacia atrás y apuntala el balón con el pie, para levantarlo.

Aunque esta es la forma más espectacular de terminar un 1 contra 1 con un portero, y es muy satisfactoria cuando funciona, conlleva riesgos.

- Controlar la dirección y la altura es difícil, porque el balón se golpea con los dedos de los pies.
- Si el portero no se une y se mantiene erguido, detendrá fácilmente el disparo.

Rodear al portero

De nuevo, el uso del señuelo puede ayudar a comprometer al portero. El delantero quiere que se vaya al suelo antes de tiempo para que pueda ser rodeado. Una buena forma de practicar es hacer que los jóvenes delanteros hagan el amago con el interior del pie y lo arrastren hacia el lado contrario con el exterior del mismo pie. De este modo, es probable que el portero se lance en dirección contraria.

La mayoría de los porteros prefieren que su delantero intente rodearlos, y retrocederán para evitarlo. Esta es una buena razón para utilizar este método con moderación. Sin embargo, dado que hoy en día los delanteros tienden a disparar en situaciones de 1 contra 1, existe un valor sorpresa cuando el hombre o la mujer que se acerca decide intentar rodear al portero que avanza.

Es especialmente eficaz si el portero intenta cerrarse demasiado rápido, ya que estará desequilibrado cuando el balón cambie de dirección.

Intentar rodear al portero tiene ventajas y desventajas. El lado positivo:

- A menos que el portero toque bien el balón, es muy probable que haya un gol o un penalti.
- Los porteros esperarán un disparo.

Pero por otro lado:

- Los porteros pueden ir a toda velocidad para ganar el balón, por lo que es posible que haya que golpearlo para que pase por encima del adversario.
- Eso puede hacer que el balón se desplace, dificultando el ángulo de tiro, aunque sea hacia una portería abierta.
- Como el proceso es más lento que intentar un disparo, los defensores tienen más posibilidades de volver a cubrir.

- Los atacantes pueden perder el equilibrio al cambiar de dirección al ritmo.

Sin embargo, sea cual sea el enfoque que utilicen los delanteros cuando se enfrentan al portero, es un ejercicio que les gustará mucho trabajar durante las sesiones de entrenamiento. Es una situación en la que se gana, se gana y se gana.

Los delanteros tienen la oportunidad de regatear (comprobado), disparar (comprobar) y marcar (comprobado al doble). Los porteros tienen la oportunidad de ser héroes. ¿Y a quién no le gusta eso? Sobre todo cuando se tienen diez años.

Ejercicios mentales antes del partido

Es hora de entrar en el modo de debate con este capítulo. Porque si bien hay vínculos muy estrechos entre el fútbol de adultos y el juvenil o infantil en lo que respecta a las habilidades, la forma física y la táctica, esto es mucho, mucho menos, cuando consideramos el aspecto mental del deporte.

En este capítulo consideraremos los pros y los contras de orientar y entrenar la fuerza mental de los niños. Veremos cómo esto puede proporcionar habilidades para la vida cuando se utiliza de forma productiva. Y cómo conduce a una perspectiva estrecha y negativa cuando los ejercicios mentales se limitan a ganar.

Por qué los ejercicios de fuerza mental pueden ser contraproducentes

"Estoy satisfecho con la fuerza mental de mis jugadores...", afirma el entrenador en la entrevista posterior al partido. Cuando escuchamos este tipo de declaraciones, no hace falta mirar el marcador para saber que el equipo ha tenido una batalla en sus manos, quizás una victoria, quizás una derrota.

Los entrenadores y los jugadores utilizan ejercicios mentales para ayudar a concentrar la mente. Pueden incluir tareas de visualización, actividades de pensamiento positivo y acciones de construcción de equipo. El objetivo principal de los ejercicios de fuerza mental en el fútbol de adultos es mejorar la mentalidad ganadora.

Pero hasta qué punto queremos inculcar eso a los jóvenes jugadores es algo sobre lo que los psicólogos y los expertos en desarrollo infantil plantean dudas. Una actitud ganadora es, por naturaleza, competitiva. El objetivo en una situación competitiva (que va más allá del fútbol) es vencer al adversario. Hasta hace poco, este enfoque adversario de la vida se consideraba positivo. Ya sea en el deporte, en el derecho, en los negocios, en la escuela o en la familia, ser un ganador era bueno y nadie quería conocer a un perdedor. Sin embargo, ahora sabemos que la colaboración es una herramienta más eficaz que la competición cuando se trata del desarrollo personal.

Aunque aquí hablamos de la vida en general, podemos establecer una analogía con el fútbol.

Un equipo tendrá más éxito si juega como una unidad que si cada uno compite por ser "el mejor" miembro del equipo. Esta puede ser una lección difícil de aprender para los niños. En realidad, lo mismo puede decirse de los adultos.

No estamos sugiriendo que haya algo fundamentalmente malo en una mentalidad ganadora. Pero los entrenadores, y los padres, deberían (argumentamos) considerar "por qué" es buena la mentalidad ganadora. Entonces podrían llegar a la conclusión de que, en realidad, aunque está bien ganar, hay muchas cosas en la vida que son más importantes. Y jugar al fútbol puede ayudar a los jóvenes a aprender esa valiosa lección.

Los beneficios de la resiliencia mental

Cuando empezamos a considerar los beneficios más amplios de la resiliencia mental, y los ejercicios que ayudan a desarrollarlos, el mundo empieza a parecer mucho menos nebuloso, y el entrenamiento que defenderemos empieza a tener sentido. Porque la fuerza mental beneficia a todos los aspectos de la vida, no sólo al fútbol.

Las personas, incluidos los niños, con resiliencia mental piensan más en sí mismas. Desarrollan mejores relaciones; son capaces de afrontar mejor las decepciones y los cambios en sus vidas. La salud física y mental mejora y, lo más importante, las personas son más felices.

Si el beneficio secundario es que les va mejor en el fútbol, entonces es un bono que los entrenadores no rechazarán. Todos tenemos el deber de ayudar a los jóvenes de nuestros equipos. Ese deber va más allá de los padres. Incluye a la familia en general, a los profesores y a los entrenadores deportivos. De hecho, el deporte ofrece grandes oportunidades para que los jóvenes desarrollen su autoestima, su confianza en sí mismos y ofrezcan más a su comunidad.

Así que nuestra conclusión es que cuando practicamos deporte por diversión, los beneficios físicos que ofrece, el trabajo en equipo, la colaboración y la amistad que aporta, entonces eso es deporte para bien. Cuando practicamos el deporte para ganar a toda costa, entonces utilizar los ejercicios de fuerza mental para fomentar esto es una acción destructiva. Queremos que la victoria sea un producto secundario de todo lo bueno que el fútbol ofrece a los jóvenes jugadores, no la fuerza motriz de su práctica del juego.

Qué beneficios de la fuerza mental ayudan a los jóvenes en todos los aspectos de su vida

Los siguientes rasgos son los que seguramente todos promoverían como beneficiosos para jóvenes y mayores. El mero hecho de practicar deporte aporta muchos de ellos a los jóvenes, siempre que hagamos que nuestros jóvenes salgan al campo por las razones adecuadas.

Los ejercicios específicos podrían potenciar aún más estos beneficios. Pensemos en las ventajas de la fuerza mental que debemos promover.

Compromiso: El entrenamiento duro en las sesiones de fútbol se trasladará al compromiso con la escuela, al trabajo duro y a la mejora de uno mismo.

Deseo: Ese deseo de convertirse en un mejor jugador de fútbol puede traducirse en un deseo de mejorar en todos los aspectos de la vida.

No sólo en los competitivos, como el deporte o los juegos, sino también en el deseo de mejorar las relaciones, o de ayudar a la comunidad en general. Los estudios realizados en las escuelas han demostrado que, en muchas ocasiones, quienes participan en el deporte con un deseo de mejorar, tienden a obtener buenos resultados en otros aspectos académicos y sociales, al menos en relación con su potencial. Curiosamente, esto es mucho menos cierto cuando se elige a los jugadores de fútbol simplemente porque son buenos, aunque su ritmo de trabajo y su deseo de mejorar son menos impresionantes. Como sabemos los que hemos trabajado con niños, suelen ser los jugadores que, con el tiempo, abandonan el deporte.

Concentración: Los buenos jugadores de fútbol aprenden a concentrarse en la tarea que tienen entre manos. Esto les permite desglosar el panorama general de ganar un partido o marcar un gol en los elementos separados que conducen a ello. Por ejemplo, ganar una entrada, hacer un pase, trabajar en equipo y esforzarse. Muchos aspectos de la vida se construyen en torno a un panorama general que se desglosa mejor en sus partes constitutivas. Por el contrario, los jóvenes a los que les resulta difícil centrarse en tareas específicas suelen tener dificultades y fracasar en sus objetivos, lo que conduce a una menor autoestima y a una menor felicidad. Por ejemplo, repasar un examen puede parecer una tarea abrumadora, tanto que algunos abandonan antes de empezar. Los que son capaces de dividir el repaso en trozos pequeños y manejables obtienen mejores resultados en sus exámenes.

Detalle: En el campo de fútbol, los jugadores necesitan estar en su mejor momento físico y mental para convertirse en los mejores jugadores que pueden ser. Los niños con motivación para ello suelen trasladar esa actitud a su vida en general.

Resiliencia: Es muy importante. Todo el mundo pasa por malos y buenos momentos. Nadie evita el fracaso todo el tiempo. Una persona con resiliencia ve el fracaso como una oportunidad para mejorar; alguien sin esa resiliencia lo ve como una razón para rendirse.

Motivación: El fútbol ayuda a desarrollar la capacidad de establecer objetivos tanto individuales como colectivos. Por ejemplo, un jugador puede esforzarse más para intentar mantener una ventaja de 1 - 0, lo que supone un beneficio colectivo. Al mismo tiempo, tratarán de desarrollar sus propias habilidades, por ejemplo, de regate, para crear más oportunidades de vencer al adversario.

Responder al desafío: El fútbol ayuda a los jóvenes a responder a los desafíos que les plantean los adversarios, sus propios entrenadores y sus compañeros de equipo. También les ayuda a establecer sus propios retos. La capacidad de conseguirlos en el fútbol puede trasladarse a la vida en general.

Progreso: Para los creyentes del vaso medio vacío, existe la sensación de que no están mejorando, o progresando. El buen entrenador recompensará el éxito, esfuerzo y la mejora, haciendo que los jugadores reflexionen sobre lo mucho que han avanzado ellos y el equipo. Una vez más, se trata de una habilidad vital.

Determinación: Estrechamente relacionado con la resiliencia y la motivación, los jugadores deportivos tienen ese deseo de triunfar, incluso cuando las cosas van en contra.

Liderazgo: El mejor liderazgo es el de la colaboración. Es trabajar con los compañeros de equipo, en lugar de darles instrucciones sobre lo que deben hacer. ¿Qué mejor manera de mostrar el liderazgo de esta forma que en un juego de equipo?

Control, compostura y autodisciplina: El fútbol es un deporte de equipo y de contacto dirigido por un árbitro objetivo. Las decisiones pueden ser a veces contrarias a un jugador, pero el juego le ayuda a aprender a aceptarlo y a seguir adelante sin permitirle insistir en el mal trato percibido. Así se pasa, y no se echa un manto de tristeza sobre otros aspectos de la vida.

Flexibilidad: El fútbol requiere que el individuo se desafíe a sí mismo, y que reaccione a las circunstancias. Como la vida, de hecho.

Confianza en sí mismo: Los mejores jugadores de fútbol tienen confianza en sí mismos. Creen que pueden beneficiar a los demás si se esfuerzan y dan lo mejor de sí mismos.

No son arrogantes, con una falsa percepción de su propia valía. La confianza en uno mismo es, quizás junto con la resiliencia, la fortaleza mental más importante que puede ser impulsada a través de la práctica del fútbol.

Ejercicios y comportamientos para mejorar la fuerza mental

Así que podemos ver las enormes ventajas mentales que jugar al fútbol (o de hecho, otros deportes de equipo) puede ofrecer a un individuo. Podemos ver cómo esas ventajas mentales se trasladan a situaciones más amplias de la vida, y ayudan a los jóvenes a enfrentarse a los retos de crecer en el mundo de hoy.

Sin embargo, los entrenadores pueden ayudar a desarrollar estos puntos fuertes. Los jóvenes se equivocan y necesitan que se les anime en la dirección correcta. Los siguientes ejercicios y acciones sencillas ayudarán a conseguirlo.

Ejercicio mental: Un enfoque positivo

Aunque no se trata de un ejercicio, sino más bien de un mantra por el que se rige un equipo, este ejercicio es crucial para ayudar a la fuerza mental de los jugadores.

Los entrenadores pueden crear un entorno alentador y de apoyo, en lugar de crítico. Aunque la mayoría apoyaría esto como una medida obvia, conseguirlo puede ser más difícil de lo que parece. Los adultos suelen ser más competitivos que sus hijos. Por lo tanto, les cuesta entender que las actitudes o las decisiones del equipo tienen objetivos a más largo plazo que asegurar una victoria a corto plazo.

Mientras que el entrenador puede ofrecer sólo elogios y críticas constructivas, los padres, los espectadores y los propios jugadores jóvenes pueden tener una mentalidad menos positiva. Por lo tanto, el entrenador debe tratar de establecer una mentalidad de "no crítica". Los jugadores no se deberían quejar si no reciben un pase, o si un compañero de equipo falla un tiro cuando ellos consideran que están mejor situados.

Los padres deberían elogiar y apoyar en lugar de entrenar y criticar. Quizás incluso se pueda redactar un código de conducta para que los padres lo firmen antes de comprometer a su hijo con el equipo. Como entrenadores amamos el deporte, no estaríamos involucrados si no fuera así. Por lo tanto, amamos la competición y, en consecuencia, amamos ganar. Poner nuestras propias motivaciones más abajo en la lista de prioridades que el bienestar y el desarrollo a largo plazo de nuestros jugadores puede ser ocasionalmente difícil, pero debería ser siempre nuestro objetivo.

Ejercicio mental: Refuerzo positivo

Celebra un debate después del partido o del entrenamiento en el que cada persona contribuya con un comentario positivo sobre el desempeño de un compañero de equipo. O bien, cada jugador saque un nombre de un sombrero y debe terminar la sesión diciendo algo positivo sobre el compañero que ha sacado.

Ejercicio mental: Visualización

Queremos que nuestras sesiones sean divertidas. Para los niños lo más divertido suele ser cuando tienen su juego. O, al menos, eso creen. Dedica cinco minutos antes de una sesión a que los jugadores visualicen las habilidades que van a practicar en una situación de juego.

Ejercicio mental: mejorar la comunicación - El juego del arquitecto

El siguiente ejercicio es excelente para desarrollar las habilidades de comunicación. Se trata de un ejercicio no futbolístico, por lo que ofrece una buena variedad en una sesión basada en el deporte. Organiza conjuntos de piezas de Lego de diferentes colores y tamaños, o de otros bloques de construcción para niños. Duplica el conjunto. Cada equipo tiene dos, el original y el duplicado.

Divide el grupo en equipos de cuatro personas. El equipo debe situarse a una distancia mínima de 50 metros, y el constructor no debe poder ver al arquitecto ni oír al primer comunicador. Cada miembro tiene un papel específico.

El Arquitecto - toma un conjunto de ladrillos y construye su forma.

El primer comunicador - lleva la descripción de la forma al...

Segundo Comunicador - que pasa la instrucción al...

Constructor - que intenta recrear la forma con el conjunto de ladrillos duplicados.

Ejercicio mental: Actividad colaborativa - Malabares en equipo

Este divertido evento ayuda a desarrollar las habilidades de control de cerca del fútbol, así como el trabajo en equipo. Divide al grupo en equipos de unos cinco o seis. Un balón por grupo.

Comenzando con un lanzamiento por debajo del brazo, los jugadores hacen malabares con el balón sin que toque el suelo para dar el mayor número de toques posible. Pueden utilizar cualquier parte del cuerpo permitida en el fútbol.

Los jugadores pueden tocar el balón dos veces antes de pasarlo, pero esto sólo cuenta como un toque. Continúan hasta que el balón toque el suelo. Cada grupo intenta mejorar su puntuación.

Los jugadores aprenderán que tienen que comunicarse: si dos jugadores van a por el mismo balón se pierde el control. Descubrirán que trabajando en equipo lo hacen mejor. Por ejemplo, acercándose el uno al otro cuando el balón empieza a descontrolarse, separándose cuando está controlado para darles más tiempo.

Este ejercicio funciona mejor si no se trata de una competición entre grupos. Con ello, la atención de los jugadores se centra en vencer a los rivales en lugar de mejorar ellos mismos. Después de todo, el objetivo final de cualquier actividad no es ganar, sino ser lo mejor posible.

Juegos divertidos

Podemos practicar las habilidades futbolísticas en el contexto de juegos divertidos. Aunque la mayoría de los niños quieren jugar al fútbol, disfrutan con otras actividades. Haz que practiquen la captura con una pelota pequeña. Juega al fútbol tenis sobre una línea. Juega al fútbol-béisbol.

Aquí, el lanzador pasa la pelota por el suelo. El bateador lanza la pelota lo más lejos posible. Los jardineros intentan atrapar la pelota o pasarla a un poste. El énfasis está en la diversión.

Ejercicio mental: Charadas de fútbol

Otro divertido ejercicio mental de creación de equipos. El entrenador escribe el nombre de ideas relacionadas con el fútbol en hojas de papel. Por ejemplo, los nombres de los jugadores, los equipos, los estadios, las competiciones o los aspectos del juego, como el "tiro". La persona en cuestión debe representar el término en su hoja sin imitar ningún movimiento relacionado con el fútbol. Y los demás jugadores deben adivinar la palabra.

El disfrute que obtienen los jugadores se traslada a la sesión en su conjunto. También ayuda a desarrollar la comprensión del juego y el interés por él. Al fin y al cabo, si su imaginación queda atrapada, los jóvenes querrán saber más sobre el jugador que acaban de representar o el estadio que acaban de describir.

Un capítulo para los padres

¿Cómo pueden los padres ayudar a sus hijos a sacar el máximo provecho del fútbol? Esperemos que los puntos que hemos destacado en el libro sean los que los padres puedan entender.

Fundamentalmente, nuestra posición es que el fútbol para los jóvenes consiste en desarrollar habilidades que les servirán durante toda su vida en el juego. Se trata de obtener la alegría que supone apoyar a un equipo, y mantener el interés por la parte del juego que corresponde a los aficionados.

Ser un jugador de fútbol, sostenemos, prepara al joven participante para la vida. La fuerza mental que el juego puede dar se transfiere a muchos otros aspectos para afrontar los retos de la vida en el mundo moderno.

Que la camaradería, la amistad y la colaboración que tienen lugar en el campo de fútbol, en el club y, quizás sobre todo, en el parque de entrenamiento, contribuyen a hacer la vida aún mejor de lo que ya es. Pero, sobre todo, hemos hecho hincapié en que unirse a un equipo de fútbol debe ser divertido.

Las ventajas para los padres

Por supuesto, apuntamos a nuestros hijos porque quieren jugar. Nos damos cuenta de que nos comprometemos a tener los coches llenos de barro y las botas sucias en un futuro próximo. Nuestra vida como taxistas de nuestros hijos se vuelve un poco más frenética, si cabe. Pero lo hacemos con gusto, porque hace felices a nuestros hijos.

Pero podemos ser un poco egoístas. Obtendremos beneficios propios al convertirnos en madres o padres de un futbolista. Piensa en lo siguiente:

- Tenemos el placer de ver a nuestros hijos hacer algo que les gusta. Ver el deporte es interesante por sí mismo. Cuando tenemos un interés personal en el partido, esto se hace aún más.
- Nos mezclamos con una comunidad que comparte intereses con nosotros. Conversar en la línea lateral, tomar una cerveza en el bar... son momentos muy agradables. En ningún otro momento queremos que nuestros hijos se cambien más lentamente, o que pasen más tiempo guardando las botas.
- Sabemos que nuestros hijos están en un entorno seguro, realizando un ejercicio útil.

Pero los placeres vienen acompañados de responsabilidades, y ser un padre de futbolista tiene sus retos. Merece la pena enfrentarse a ellos, porque los beneficios los superan con creces, pero para los nuevos padres futbolistas es mejor tener una idea de algunas de las mareas que enfrentarán, aunque por otra parte, podría ser un perfectamente tranquilo mar de alegría deportiva.

Controlar nuestro propio espíritu competitivo

Hay un conocido exfutbolista, de fama mundial, que ahora se dedica a presentar deportes. Tiene el impresionante logro de no haber sido nunca expulsado ni amonestado. Este logro refleja su imparcialidad y su espíritu deportivo. Su reputación de modelo de conducta, junto con la presentación de programas de televisión a millones de personas en todo el mundo, le da la oportunidad de compartir sus opiniones sobre una amplia gama de temas. Probablemente sea mejor no nombrar a esta personalidad, porque vamos a ser un poco críticos con una de sus opiniones.

Hace un par de años, después de ver a sus propios hijos jugar al fútbol, publicó una serie de tuits en los que expresaba su disgusto por los padres que se encontraban en las líneas laterales de los partidos. Tiene razón, no hay duda, pero probablemente ha exagerado.

Hay algunos padres que, sin duda, se decepcionan. Lo que casi con toda seguridad resulta en la vergüenza total de sus niños. Son padres que quieren saber más que el entrenador (quizás sí, pero no es su trabajo demostrarlo). Critican la actuación del árbitro. Todos cometemos errores. Incluso los árbitros. Pero estos padres saben que ellos mismos son intachables (están siendo irónicos al comentar sus propios pequeños fallos) y esperan que los demás estén a su altura.

Reprenden a los contrarios, lo cual es simplemente grosero. Gritan a su propio hijo, dañando su confianza y su autoestima. Y lo peor de todo es que critican a su propio equipo, sobre todo cuando un compañero ha fallado en el pase a su propio hijo.

Probablemente, en todos los demás aspectos de su vida, se trata de personas totalmente decentes, de buen corazón y solidarias. (En realidad, sólo estamos diciendo eso. Muchos de estos tipos son tan acosadores en sus vidas en general como en las líneas laterales. Pero no todos. Hay esperanza para algunos. Y no sabemos quién puede estar leyendo este libro). Pero algo se apodera de ellos, como un espíritu maligno que se mantiene mayormente a raya, cuando llegan al campo deportivo. Ese demonio es su propia naturaleza excesivamente competitiva. Les ciega la realidad; les quita las inhibiciones que normalmente no les verían reñir a un niño desconocido o a un completo desconocido. Les avergüenza a todos los ojos, excepto a los suyos.

Nuestro icono deportivo sin nombre fue demasiado lejos. Sugirió que los padres no deberían hacer más que aplaudir en un partido. Que la inmensa mayoría no sabía cómo comportarse. Está equivocado. En su mayoría. Pero, aunque sea duro decirlo, si somos la madre o, más comúnmente, padre, que es un hooligan paterno, entonces tenemos que reconocerlo y hacer algo al respecto. Se lo debemos al entrenador no remunerado que da su tiempo voluntariamente; al árbitro sin el cual el partido no podría tener lugar. Se lo debemos a los jugadores y a nuestro propio hijo.

El sermón ha terminado. Uf. Pero había que decirlo.

Definir objetivos y metas

Hemos establecido que ganar es un agradable efecto secundario del compromiso, la práctica, el trabajo en equipo, la resistencia, la habilidad, etc.

Por lo tanto, cuando establezcamos objetivos con nuestros hijos, estos serán los aspectos del fútbol, del deporte, de la vida que promoveremos.

Los objetivos en el fútbol no difieren mucho de los objetivos en la vida. Los mejores son pequeños y alcanzables, y no un borrón lejano en el horizonte. Por ejemplo, dar un pase con el pie más débil es algo específico; entrar en la selección regional sub 15 con 8 años no lo es.

A los niños les puede resultar difícil plantear ese tipo de objetivo específico; entrenarles para que piensen así les ayudará a fijarse metas realistas en la vida, no sólo en el fútbol.

Los objetivos deben ser medibles. Así, "voy a jugar bien" es difícil de juzgar. La definición "bien" necesita un contexto para ser juzgada. Sin embargo, "voy a pasar el balón con precisión tres cuartas partes del tiempo" es fácil de seguir.

Además, deben ser alcanzables. Por muy atractivo que sea para un niño querer jugar con su país, no suele ocurrir. Eso es un sueño, no un objetivo. Está bien tener sueños. Pero no medimos el éxito de los mismos. Un objetivo alcanzable sería que un jugador trabajara duro en su forma física para poder seguir haciendo carreras de extremo a extremo en los últimos diez minutos de un partido.

Por supuesto, un objetivo debe ser relevante. Una vez más, los niños más pequeños suelen tener dificultades para estructurar su pensamiento con relevancia. "Conseguiré una camiseta que diga MESSI en la espalda" es un objetivo, y podría lograrse. Sin embargo, no servirá de mucho para las habilidades futbolísticas de ese niño.

Por último, los objetivos deben tener un punto final. "Habré hecho diez pases clave en los partidos para Navidad" es un objetivo medible.

Específico (Specific)

Medible (Measurable)

Alcanzable (Attainable)

Relevante (Relevant)

De tiempo estipulado (Time Bound)

Que son, como vemos, objetivos SMART. Mucho mejor tener un objetivo SMART que uno estúpido. Ayudar a nuestros hijos a fijarse objetivos inteligentes para el fútbol, algo por lo que están muy motivados, les dará una ventaja a la hora de fijarse objetivos para sus estudios y para otras partes de la vida que son, posiblemente, incluso más importantes que el fútbol. (Si es que eso es posible).

Nota útil: El gran Bill Shankly dijo una vez: "Algunas personas creen que el fútbol es una cuestión de vida o muerte. Estoy muy, muy decepcionado con esa actitud. Puedo asegurar que es mucho más importante que la vida o la muerte".

Expectativas

¿Ha visto alguna vez un partido de rugby union? Como deporte, está creciendo en Estados Unidos y es popular en Canadá, aunque sigue siendo más popular en el hemisferio oriental, especialmente en las antípodas y en el norte de Europa.

Es un juego complicado, pero muy divertido. Si tienes la oportunidad de buscar en los canales de cable y encontrar un partido, merecerá la pena el tiempo y el esfuerzo. Escucha cuando se pita un penalti y un jugador está en apuros. ¿Responde? Nunca. De hecho, ver a un bruto peludo asentir con la cabeza como un niño travieso del colegio, mientras dice dócilmente "Sí, señor" al jalón de orejas que está recibiendo del hombre con el silbato.

No es algo que veamos en el fútbol, y es una pena. Pero al entrenar a nuestros hijos hacia el respeto y la aceptación de una decisión, estamos difundiendo el buen espíritu deportivo. Hay mucho que decir al respecto.

La importancia de la práctica

No suele ser difícil conseguir que los niños acudan a los partidos, pero las sesiones de entrenamiento semanales pueden ser un asunto diferente. Dicho esto, un buen entrenador hará que las sesiones sean divertidas y habrá un espíritu alegre en el club. Las viejas costumbres de los valores de Tom Sawyer, con entrenadores que aterrorizaban a los jóvenes a su cargo, han quedado atrás.

Ciertamente, hay quienes se lamentan de la falta de dureza que esos regímenes solían inculcar. Pero suelen ser de los que respondieron bien a ese tipo de entrenamiento por intimidación, y acabaron teniendo éxito. Por cada historia de éxito como la de ellos, hay otros innumerables jugadores que abandonaron el juego porque la presión era demasiado grande, o las sesiones demasiado negativas.

Dicho esto, habrá momentos en los que otras atracciones atraigan más de noventa minutos de entrenamiento frío. Los padres tienen el duro pero necesario papel de asegurarse de que sus hijos cumplen sus compromisos.

Esa lealtad es una habilidad para la vida que les servirá para entrar en el mundo de los adultos.

Cómo afrontar el fracaso y la decepción

Estamos hablando del fracaso y la decepción de nuestros hijos, no de los padres. Los niños son duros de pelar. Eliminados en las semifinales final de un gran torneo, perdiendo el tercer puesto en la tanda de penaltis. No hay nada peor que eso. Los jugadores pueden estar deprimidos durante un tiempo.

A veces, sobre todo en el caso de los jóvenes, puede que incluso haya alguna lágrima. Pero diez minutos más tarde estarán rebotando con normalidad.

La parte trasera del autobús en el largo camino de vuelta a casa será tan ruidosa como siempre, las voces estridentes habrán pasado a mejor vida. El entrenador puede lamentar las oportunidades perdidas y las ocasiones desaprovechadas, pero es poco probable que su equipo lo haga. Porque tenemos la alegría de entrenar a niños, y los jóvenes son muy, muy buenos para mantener la perspectiva.

Así es. A pesar de las palabras de Bill Shankly, el fútbol no es más importante que la vida y la muerte. Es diversión. Es un deporte que se practica para disfrutar corriendo, pateando y estando con los compañeros de equipo.

Por lo tanto, no debería haber un caso de manejo del fracaso y la decepción. Cuando lo hay, con toda probabilidad esas emociones han sido aprendidas de los entrenadores o de los propios padres.

Por el contrario, el fracaso puede verse como el siguiente paso hacia el éxito, la decepción como una oportunidad para ver cómo los próximos buenos momentos se sienten incluso mejor. En otras palabras, una perspectiva positiva genera positividad. Otra lección para la vida.

Conclusión

Introducir el fútbol en los niños es un trabajo que merece la pena y es gratificante. Podemos ser un entrenador que dedica su tiempo y energía a dar a un grupo de jóvenes la oportunidad de practicar un deporte que les pondrá en forma, les preparará para la vida y les ofrecerá una gran cantidad de diversión. O un padre, que lleva a sus hijos a dar una vuelta por el parque, se asegura de que sus botas y espinilleras estén limpias y listas para salir, y transporta un coche lleno de jóvenes llenos de energía por todo el Estado. Tal vez seamos un profesor que quiere dar a sus alumnos la oportunidad de jugar al fútbol.

En cualquier caso, el tiempo que invirtamos se verá recompensado con creces. En este libro hemos ofrecido consejos de entrenamiento y ejercicios sobre aspectos importantes del fútbol. Ataque, defensa, pase y regate. Estas sesiones de habilidades están hechas a la medida de los jugadores jóvenes, teniendo en cuenta su desarrollo físico y emocional.

Hemos visto cómo la televisión puede ayudar a los jóvenes jugadores al exponerlos a los mejores jugadores y a los mayores expertos del mundo. Cómo puedes promover el entusiasmo llevando a tu casa a su equipo o jugador favorito. La televisión puede llevar la emoción del juego al más alto nivel a los jóvenes seguidores y participantes, no sólo a través de los partidos sino también del análisis experto de las actuaciones después del partido.

Los videoclips en sitios como You Tube también pueden inspirar y educar a los jóvenes jugadores.

Hemos analizado el importante papel de los padres, de reconocer la importancia de apoyar a nuestros hijos sin jugar nuestros propios sueños a través de sus esfuerzos.

Sobre todo, hemos visto que involucrar a nuestros jóvenes en el fútbol les enseña lecciones y disciplinas que van mucho más allá de las líneas de banda de un campo de fútbol. Se trata de habilidades y competencias que les ayudarán a desarrollar y mantener buenas relaciones, así como a desenvolverse bien en sus estudios y en su vida laboral cuando sean mayores.

Hemos analizado la importancia de comprender cómo se desarrollan los niños emocional y físicamente, y cómo estos informan los ejercicios que hacemos y la forma en que tratamos a los niños en crecimiento. Sobre todo, hemos intentado destacar la importancia de hacer que el fútbol sea divertido. Por su naturaleza, este deporte es enormemente agradable de ver, y aún más de jugar. Debido a la simplicidad del juego, se adapta perfectamente a los jóvenes.

El fútbol con balón redondo está ganando popularidad en Estados Unidos, tanto para niños como para niñas. Esperamos poder contribuir a ese crecimiento, y añadir otro brazo a la vida deportiva del país, y a su gente más importante: los jóvenes.

El final... ¡casi!

Las críticas no son fáciles de conseguir.

Como autor independiente con un presupuesto de marketing minúsculo, dependo de que los lectores, como tú, dejen una breve reseña en Amazon.

Aunque sólo sean una o dos frases.

Así pues, si te ha gustado el libro, ve a la página del producto y deja una reseña como se muestra a continuación:

Te agradezco mucho tu crítica, ya que realmente marca la diferencia.

Gracias de todo corazón por comprar este libro y leerlo hasta el final.

www.ingramcontent.com/pod-product-compliance
Lightning Source LLC
Chambersburg PA
CBHW070053120526
44588CB00033B/1420